Antike Metropolen

Walter Ameling
Hans-Joachim Gehrke
Frank Kolb
Hartmut Leppin
Raimund Schulz
Michael P. Streck
Josef Wiesehöfer
Gernot Wilhelm

Antike Metropolen

Mit einer Einführung von Christian Meier

Herausgegeben in Zusammenarbeit mit DAMALS – das Magazin für Geschichte und Kultur

Eine monumentale, mit Reliefs geschmückte Treppenanlage führt in Persepolis hinauf zum Audienzsaal (Apadana) des persischen Großkönigs Dareios I. (522–486 v. Chr.)

The Art Archive S. 2, S. 38, S. 41 oben, S. 43, S. 44, S. 47, S. 48 unten, S. 67, S. 70, S. 72, S. 74, S. 75, S. 78, S. 81, S. 107, S. 113; Picture Alliance S. 6, S. 39; akg-images S. 8, S. 9, S. 10, S. 12, S. 14, S. 16, S. 17, S. 20, S. 23, S. 24, S. 25, S. 34, S. 41 unten, S. 42, S. 45, S. 46, S. 48 oben, S. 49, S. 50, S. 52, S. 54, S. 55, S. 60, S. 61, S. 62, S. 63, S. 64, S. 65, S. 66, S. 68, S. 69, S. 76, S. 84 unten, S. 87, S. 90, S. 95, S. 96, S. 97, S. 99, S. 100, S. 102, S. 105, S. 106, S. 110, S. 112, S. 120, S. 121, S. 122, S. 123, S. 124; Bildarchiv Preußischer Kulturbesitz S. 13, S. 19, S. 26, S. 116; Ullstein Bild S. 15, S. 18, S. 27, S. 35; Peter Palm, Berlin: Karten und Pläne S. 21, S. 32, S. 40, S. 56, S. 57, S. 71, S. 86, S. 93, S. 94, S. 111, S. 126; CORBIS S. 22, S. 30, S. 33, S. 51, S. 58, S. 59, S. 84 oben, S. 85, S. 92, S. 125; Peter Neve, Hattuša – Stadt der Götter und Tempel, Zabern Verlag 1992: S. 31; Interfoto S. 73; Bildarchiv Steffens S. 77, S. 98, S. 114, S. 115, S. 117, S. 118, S. 119; S. 80: Franck Goddio, Versunkene Schätze. Archäologische Entdeckungen unter Wasser, Stuttgart: Konrad Theiss Verlag 2005; S. 88, S. 89: Hannibal ad portas. Macht und Reichtum Karthagos, hrsg. vom Badischen Landesmuseum Karlsruhe, Stuttgart: Konrad Theiss Verlag 2004; The Bridgeman Art Library S. 104

Die Deutsche Bibliothek verzeichnet diese Publikation in der Deutschen Nationalbibliografie; detaillierte bibliografische Daten sind im Internet über http://www.dnb.ddb.de abrufbar.

Lektorat: Redaktion DAMALS
Layout, Satz und Prepress: schreiberVIS, Seeheim

Umschlaggestaltung: Stefan Schmid, Stuttgart, unter Verwendung einer Aufnahme der Akropolis, Athen (© DPA-Picture-Alliance, Frankfurt am Main)

Die Herausgabe des Werkes wurde durch die Vereinsmitglieder der WBG ermöglicht.
Gedruckt auf säurefreiem und alterungsbeständigem Papier
Druck und Bindung: Druckerei Himmer, Augsburg
Printed in Germany

Lizenzausgabe für: Konrad Theiss Verlag GmbH, Stuttgart 2006

ISBN-10: 3-8062-2060-3
ISBN-13: 978-3-8062-2060-5

Inhaltsverzeichnis

Der Konstantinsbogen in Rom wurde zur Erinnerung an den Sieg Kaiser Konstantins I. in der Schlacht an der Milvischen Brücke (312) errichtet. Denkmäler wie der Konstantinsbogen und monumentale Bauten sind ein Kennzeichen von Metropolen.

Einleitung

Was sind Metropolen? Das Wort haben die Griechen gebildet, um „Mutterstädte" zu bezeichnen, Städte also, welche Kolonien ausgesandt, das heißt an fernen Plätzen selbständige Tochterstädte begründet haben. Die Mutterstadt durfte einige Gesten der Dankbarkeit von ihnen verlangen, doch hingen sie politisch in aller Regel mit ihr nicht zusammen – geschweige denn, daß die Mutterstadt als Hauptstadt eines Reiches hätte verstanden werden können, welches ihre Kolonien gebildet hätten.

Ebendies aber, „Hauptstadt" oder zumindest „zentraler Ort", sollte bald zu einer zusätzlichen Bedeutung von *metropolis* werden. Schon Xenophon benutzt das Wort, zu Anfang des 4. Jahrhunderts v. Chr., in diesem Sinne, zunächst übrigens für ein Dorf in Kleinasien, das der Hauptort (und die Schutzburg) eines Stammes war. Mag sein, daß er damit auf griechisch ein einheimisches Wort wiedergibt. Im hellenistischen Ägypten heißen sodann die Hauptstädte der Gaue *metropoleis*. Und entsprechend wird das Wort im übertragenen Sinne auch sonst verschiedentlich verwandt. Anscheinend war es den Griechen ursprünglich gerade recht, um etwas zu benennen, das sie selbst nicht kannten: Hauptorte respektive Hauptstädte eines Territoriums. Ihre eigene Polis-Terminologie gab dergleichen nicht her, obwohl sich in der Sache Berührungspunkte ergaben. Denn auch ihre Gemeinwesen hatten in der Regel eine – zumeist befestigte – Stadt als Mittelpunkt, wo Rat, Volksversammlung und Gerichte tagten, ihre Amtsträger residierten und ihre wichtigsten Heiligtümer sich befanden. Nur grenzten sie diese „Polis" terminologisch nicht vom Gemeinwesen im ganzen ab, welches sie ebenfalls Polis nannten, wesentlich freilich als Bürgerschaft verstanden. Die ursprüngliche geographische Bedeutung von Polis hatte sich mit der politischen verwoben. Da die Poleis sich zudem herkömmlich als Grundeigentümergemeinden verstanden (und kaum zentrale Verwaltungen hatten), gab es offenkundig auch keinen Anlaß, eine Hierarchie zwischen „Hauptort" und Umland herzustellen. Der Terminus Polis bezeichnete Teil und Ganzes gleichermaßen.

Vermutlich ist es geradezu charakteristisch für die Griechen, daß sie zwar „Mutterstädte", aber keine Metropolen im Sinne von Hauptstädten kannten. Statt in der Nachbarschaft Eroberungen zu machen (was jedenfalls nur selten vorkam) hatten sie es vorgezogen, in der Ferne Kolonien zu gründen. Die Kleinheit, die Selbständigkeit, die Überschaubarkeit ihrer Gemeinwesen war ihnen zu wichtig; auch die Unmittelbarkeit ihres Zusammenlebens und die Eigenständigkeit der einzelnen, mit denen zusammen sie ein Ganzes bildeten. In gewissem Sinne ist es eine Ironie, daß das Wort Metropole die Bedeutung, die unserem Wortgebrauch nahekommt, als Bezeichnung für etwas Nichtgriechisches erhielt. Die weitere Geschichte des Wortes verläuft dann zumindest teilweise über die der oströmischen Kirche, deren Provinzen Metropolen zur Hauptstadt hatten und haben.

Götterversammlung auf dem Parthenon-Fries: Poseidon, Apollo und Artemis.

Was man in der Neuzeit und heute unter Metropolen versteht, ist nicht leicht zu bestimmen. Vielfach sind es Hauptstädte von Staaten, London und Paris etwa. Aber nicht jede Hauptstadt ist eine Metropole (Washington, Den Haag, Bonn). Eine gewisse Größe, heute gewiß die einer Millionenstadt, scheint erforderlich zu sein. Und es muß sich sehr vieles in diesen Metropolen konzentrieren und vervielfältigen. Nicht nur Reichtum, Beziehungen und Verbindungen, Vitalität, Intelligenz und Selbstbewußtsein. Wohl auch nicht nur ein gewisser Stil der Weltläufigkeit und Urbanität. Vielmehr muß eine große An-

ziehungskraft weit über die eigene Peripherie hinaus von ihr ausgehen, für Menschen verschiedenster Herkunft, verschiedenster Begabung. Metropolen müssen nicht unbedingt viel Neues hervorbringen, doch müssen sie vieles, was anderswo entsteht, an sich saugen, und umgekehrt muß von ihnen eine große Strahlkraft ausgehen.

Glanz und Elend, Elite und Masse, Entscheidung und das Anheimgegebensein an die großen Strömungen und Moden der Zeit, und in alledem Faszination und Schauder: Schwer zu entwirren, was da alles zusammenkommt und in reizvollen Vorstellungen zusammengedacht wird.

Einen speziellen Höhepunkt scheinen diejenigen Metropolen zu bilden, die zeitweilig als Hauptstädte eines Jahrhunderts gelten konnten, Paris etwa; in den 20er Jahren des 20. Jahrhunderts schien Berlin eine ähnliche Rolle zuzuwachsen.

Man könnte sich fragen, ob Metropolen heutzutage spezialisiert sein können, so daß nicht nur politische Hauptstädte, sondern Industrie- und Handelsstädte als Metropolen gelten können; doch mag dies vielleicht doch nur in einem eingeschränkten Sinne des Wortes möglich sein. Wenn schon nicht die Politik, muß sich wohl wenigstens das intellektuelle und künstlerische Leben einer Zeit und einer Weltregion in einer Stadt konzentrieren, wenn sie Metropole sein will.

Als Gegenbegriff zu Metropole käme vermutlich am ehesten „Provinz“ in Frage.

Wenn im folgenden von Metropolen des Altertums die Rede ist, so wird der Begriff in modernem Sinne gebraucht, freilich nicht unbedingt in dem von Millionenstädten. Acht Städte, acht Geschichten werden dargestellt. Gemeinsam ist diesen acht Metropolen, daß ihre Größe und Bedeutung politisch bedingt war. Sie waren Machtzentren, mit einer Ausnahme (Athen) Hauptstädte. Reiche oder zumindest Herrschaftsbereiche (wie man es für Karthago und das republikanische Rom nennen sollte) wurden von ihnen aus regiert. Die wichtigsten Quellen des damaligen Reichtums sowie der Größe von Städten – Eroberungen und das Zusammenfließen von Tributen und Steuern – speisten ihren Aufschwung, ihren Glanz, ihren Ruhm.

Aufgrund der politischen Bedeutung sammelte sich hier vielerlei Personal, wie es Politik und Verwaltung erfordern. Die Metropolen wurden prächtig ausgebaut – je nach den Bedingungen der einzelnen

Der zwischen 447 und 432 v. Chr. errichtete Parthenon auf der Akropolis war der Stadtgöttin Athena geweiht. Die Reliefs stammen von dem berühmten Parthenon-Fries aus der Werkstatt des Bildhauers Phidias; sie zeigen Athener Bürger bei einem Festzug zu Ehren Athenas. Wir kennen keine Parallele dafür, daß sich eine Bürgerschaft selbst an den Wänden eines Tempels darstellt.

Kulturen. So konnten im griechisch-römischen Bereich etwa Theater, Zirkus, Hippodrom zu großer Bedeutung kommen, als Orte der Begegnung, der Gemeinsamkeit, in beschränktem Umfang auch des Austauschs zwischen Herrscher und Volk. In aller Regel zogen diese Städte Dichter, Künstler, Philosophen, Wissenschaftler ebenso an wie allerhand Wundermänner, Sekten und Religionen; zumeist aus verschiedenen Weltgegenden. Und weil es dort alles mögliche zu verrichten gab und führende Herren es liebten, großzügige Spenden zu verteilen, strömte auch eine breite Unterschicht zusammen. Vielerlei Handel ergab sich zwangsläufig, auch eine Konzentration von Handwerk. Diese Städte waren, jedenfalls soweit wir sie etwas näher kennenlernen, wichtige Umschlagplätze für materielle und immaterielle Güter vieler Art.

Die Überlieferung bedingt es, daß wir über die Metropolen der griechisch-römischen Antike weitaus mehr ausmachen können als etwa über Hattuscha, Persepolis, Babylon und Karthago. In diesen Fällen sind wir weithin auf die Archäologie angewiesen und erfahren entsprechend wenig über das, was in ihnen vorzugehen pflegte. Für Athen, Alexandria, Rom und Konstantinopel hingegen kommen uns vielerlei literarische Quellen zu Hilfe. Schon von daher muß das Bild hier und dort recht unterschiedlich ausfallen. Vieles freilich bleibt auch hier ein Rätsel. Immerhin handelt es sich in den meisten Fällen um Städte mit mehreren hunderttausend Einwohnern, also mit großen Versorgungs- (und Entsorgungs-) Problemen, über deren Bewältigung man gern mehr wüßte.

Einen Sonderfall von Metropole stellt Athen dar. Nach heutigen Maßstäben knapp eine Großstadt. Man zögert, es hier einzuordnen. Zudem war es keine politische Hauptstadt, außer, wenn man so will, einige Jahrzehnte lang während des 5. Jahrhunderts, als es die Führungsmacht und schließlich die Beherrscherin des delisch-attischen Seebunds war. Andererseits war diese Stadt nahezu ein Jahrtausend lang so etwas wie die geheime und speziell die geistige Hauptstadt der Griechen. Ihre große Vergangenheit, ihr erstaunlicher Sieg über die Perser hatte sich in die Erinnerung eingekerbt. In ihr war griechische, war menschliche Eigenart aufs höchste aufgeblüht. *Homines maxime homines*, Menschen, die in höchstem Ausmaß Menschen, *liberi maxime liberi*, Freie, die in höchstem Ausmaß frei sind, sollte später Plinius die Griechen nennen. Ebendiese

Athen war vor allem eine Metropole des Geistes. Dafür standen Männer wie der Geschichtsschreiber Thukydides (Porträtbüste), dessen Darstellung des Peloponnesischen Krieges bis heute zu den großen Klassikern seines Genres zählt.

„Menschlichkeit“, diese Freiheit hat sich vornehmlich in Athen entfaltet und konzentriert. Es war (und blieb) der Sitz der wichtigsten Philosophenschulen; der Ort schönster Bauten. Während des fünften und großer Teile des vierten vorchristlichen Jahrhunderts zog die Stadt die intellektuelle und künstlerische Elite der Griechen an. Menschliches Dasein in seiner ganzen möglichen Fülle wie in seiner Problematik ist in ihr auf ganz ungewöhnliche Weise erfahren, und es ist dieser Erfahrung geradezu klassische Form gegeben worden, in Tragödie, Geschichtsschreibung, Philosophie und Kunst. Produktivität und Resonanz, also verschiedenste, sich gegenseitig verstärkende Impulse, haben sich hier vereint, um eine ganz neue, nicht auf Herrschaft, sondern auf Freiheit beruhende Kultur zur Blüte zu bringen. Für die große Zeit der Athener, da ihre Stadt eine Hochburg griechischer Leistungsfähigkeit war, formuliert Jacob Burckhardt: Sie hatten sich etwas zu sagen und machten auch Gebrauch davon.

War es also, trotz seiner relativen Kleinheit und trotz der Tatsache, daß es politisch seit dem Ende des 4. vorchristlichen Jahrhunderts keine sonderliche Bedeutung mehr hatte, vielleicht doch eine Metropole? Möglicherweise muß man auch in dieser Hinsicht in Rechnung stellen, daß bei den Griechen alles, was sie auszeichnete, von relativ kleinen Mengen von Menschen bewirkt wurde. Vielleicht muß man zugunsten der Stadt auch vorbringen, daß antike Metropolen insgesamt nur eine – im Vergleich zur Neuzeit – relativ begrenzte Dynamik entwickelten, weil sie im Technischen, im Wirtschaftlichen und Gesellschaftlichen, von den Anfangszeiten abgesehen, keine großen Veränderungen hervorbrachten, so daß der Rang einer Stadt ihre politische Bedeutung und Neuerungskraft weit überleben konnte.

Doch kann es sein, daß man auch für unsere Zeit die Frage nach den Metropolen neu und anders stellen muß, da der Charakter auch der großen Städte – wie die Ausmaße dieser Städte – sich so stark wandelt, da vieles aus ihnen auswandert und zugleich die Provinzialität immer stärker in sie hineinkriecht; da all den ungeheuerlichen Produktionen und Veränderungen der Zeit gegenüber das Sammelnde, Konzentrierende es so schwer hat?

Mit diesem zweiten Band setzen die Wissenschaftliche Buchgesellschaft und die Zeitschrift DAMALS ihre Kooperation fort – nach den „Pilgerwegen im Mittelalter“ (2005) nun mit einem Thema aus dem Bereich der Antike. Das Sich-Versenken, Sich-Verlieren in andere Zeiten ist – DAMALS-Leser wissen das – stets mit vielerlei Reiz verbunden; und nicht der geringste ist, daß es immer neu zum Nachdenken über die eigene Zeit anregt.

Prof. Dr. Christian Meier
geb. 1929, lehrt Alte Geschichte an der Universität München. Er ist wissenschaftlicher Beirat von DAMALS, der Zeitschrift für Geschichte und Kultur. Zum Thema ist von ihm erschienen: „Athen. Ein Neubeginn der Weltgeschichte“ (Sonderausgabe 2004).

Die Stadt, an deren Freuden man nicht satt wird

Michael P. Streck

Babylon: Ein Mythos über die Jahrtausende

Babylon – welch mächtiger, ehrfurchtgebietender, exotischer und geheimnisvoller Klang! Wem kommt nicht sofort die biblische Erzählung vom „Turmbau zu Babel" und der Verwirrung der Sprache, ein Gleichnis für den menschlichen Größenwahn, in den Sinn? Wer hat noch nie von den „Hängenden Gärten Babylons", einem der sieben antiken Weltwunder, gehört? Wer kennt nicht das sprachliche Bild vom verderbten „Sündenbabel"?

Ein Klang, der aus längst vergangener Zeit zu uns herüberschallt. Herodot, der große griechische Geschichtenerzähler des 5. Jahrhunderts, ist der erste in einer Reihe klassischer Schriftsteller, die von den Wundern Babylons berichten: „Assyrien weist eine Menge großer Städte auf; die berühmteste und mächtigste darunter nach der Zerstörung von Ninos [das heißt von Ninive] war Babylon, der Sitz der Regierung. Babylon ist etwa so gebaut: Die Stadt liegt in einer großen Ebene und ist viereckig, jede Seite 120 Stadien [etwa 21,4 Kilometer] lang. So beträgt der Umfang der Stadt im ganzen 480 Stadien. Die Stadt ist also recht groß. Sie ist aber auch die schönste Stadt von allen, die wir kennen." Im 1. Jahrhundert (soweit nicht anders angegeben, beziehen sich alle antiken Jahreszahlen auf die Zeit vor Christus) behauptete der griechische Historiker Diodor, zwei Millionen Arbeiter hätten an Babylon gebaut. Besonders die Stadtmauer ließ die Wellen seiner Phantasie hochschlagen: „Diese Mauer war ein ungeheures Werk, breit genug für sechs Wagen und ganz unglaublich hoch, wie Ktesias von Knidos behauptet ... Nach den neueren Schriftstellern betrug die Höhe der Mauer, die nach Ktesias 50 Klafter [rund 87 Meter] ausmachte, nur 50 Ellen [rund 23 Meter], und die Breite war für zwei Wagen mehr als hinreichend. Die Zahl der Türme war 250; ihre Höhe und Breite standen im Verhältnis mit der ungeheuren Masse der Mauer." Nach dem jüdischen Schriftsteller Flavius Josephus (1. Jahrhundert n. Chr.) zählte der Königspalast, „dessen Höhe und glanzvolle Ausstattung zu beschreiben ich mir wohl ersparen kann", zu den Wunderwerken des Orients, während der römische Senator Curtius Rufus (1. Jahrhundert n. Chr.) in seiner „Geschichte Alexanders" dazu eine Brücke über den Euphrat rechnete.

Unter die Worte der Bewunderung mischen sich von jüdischer Seite solche von Furcht und Fluch, die in den Eroberungen und der Zerstörung Jerusalems durch Nebukadnezar II. in den Jahren 597 und 587 wurzeln: „Und Babel, dem Glanz der Königreiche, der stolzen Zierde der Chaldäer, wird es ergehen wie Sodom und Gomorrha, die Gott bis auf den Grund zerstörte", heißt es in Jesaja 13, 19. Und wenig später: „Steige herab und setze dich in den Staub, jungfräuliche Tochter Babel ... Sitze still und verkrieche dich in Finsternis, Tochter der Chaldäer. Denn man nennt dich nicht mehr Herrin der Königreiche. ... Nun höre dies, du Wollüstige, die so sicher thront und in ihrem Herzen denkt: Ich und sonst nichts

Fragment des „Kodex Hammurapi" in Keilschrift.

mehr! ... Deine Weisheit und dein Wissen haben dich betrogen." Die Sibyllinischen Weissagungen (14 Bücher griechischer Orakel, die der legendäre letzte König Roms der Sage nach direkt von der Sibylle von Cumae erworben haben soll; sie wurden im Tempel des Jupiter Capitolinus aufbewahrt und durften nur eingesehen werden, wenn der Senat dies wegen beängstigender Vorzeichen anordnete) drohen: **„Wehe dir, Babylon, weh, goldthronend, mit goldenen Sohlen, du langjährige Fürstin, alleinige Herrin der Welt einst, die du vor alters so groß und Weltstadt warst, du wirst nicht mehr liegen auf goldenen Bergen noch dort an den Wassern des Euphrat."**

Die Babylonier selbst priesen ihre Hauptstadt überschwenglich in einer Aufzählung von Namen und schmückenden Beiworten, die sich auf einer Keilschrift-Tontafel aus der Bibliothek des assyrischen Königs Assurbanipal (668 – 627) wiedergefunden haben: **„Babylon, dem Preis und Jubel geschenkt sind; Stadt, die ihren Männern Frieden bringt; Stadt des Königtums; Wohnsitz des Überflusses; Stadt, an deren Freuden man nicht satt wird; Stadt des Reichtums; Stadt, deren Einwohner mit Reichtum völlig überhäuft sind; die dem Land Leben gibt; Stadt der Wahrheit und Gerechtigkeit; die Ungerechtigkeit haßt; Stadt, deren Riten überaus kostbar sind; Stadt des Festes, der Freude und des Spiels; Stadt, deren Einwohner unaufhörlich ein Fest feiern; heilige Stadt; Haus der Götter; die an Weisheit vollkommen ist."** So lauten einige Zeilen aus diesem Loblied. In der religiösen Vorstellung seiner Einwohner stellte Babylon den „Nabel der Welt" dar und nahm eine zentrale kosmische Stellung ein. Nach dem babylonischen Weltschöpfungsepos „Enuma-elisch" lag die Stadt mit dem Tempel Esangil des babylonischen Hauptgottes Marduk am Kreuzungspunkt der horizontalen Achse durch die irdische Welt und der vertikalen Achse, die Himmel, Erde und den unterirdischen Süßwasserozean miteinander verband. Seltsamerweise spiegelt sich diese Kosmologie nicht in der berühmten babylonischen Weltkarte aus der ersten Hälfte des 1. Jahrtausends, auf welcher Babylon etwas oberhalb des unbenannten Kompaßpunkts eingezeichnet ist.

Im 6. Jahrhundert schon eine uralte Stadt

Was war das für eine Stadt, deren Ruhm und Ruf nicht verstummen mag? Zur Zeit seines glanzvollen Zenits im 6. Jahrhundert war Babylon bereits uralt. Das erste Mal begegnet uns der Name der Stadt auf einer Keilschrifttafel, die in die Zeit um 2200 datiert und ein Jahresdatum des Scharkalischarri, des letzten bedeutenden Königs der Dynastie von Akkade, festhält. Das leicht zerstörte, aber gut ergänzbare Datum lautet: „Jahr, in dem [Schark]alischarri [die Fundamente] des Tempels der Göttin Annunitum und des Tempels des Gottes Ilaba in Babylon legte und Scharlak, den König von Gutium, gefangennahm." Babylon kann zu diesem Zeitpunkt kein kleines Dorf mehr gewesen sein, sondern blickte zweifellos schon auf eine jahrhundertelange Geschichte zurück. Die Anfänge dieser Geschichte verlieren sich jedoch im Nebel der Frühzeit, und das Wort Thomas Manns in seinem großen Roman des Alten Orients, „Joseph und seine Brüder", trifft wohl auch auf Babylon zu: „Denn Städte pflegen nicht von Menschen gegründet zu werden, und nicht Menschenantlitz pflegen die Wesen zu tragen, die man ihre Urkönige nennt."

Unter der III. Dynastie von Ur (um 2100 – 2000) wurde Babylon Sitz eines Statthalters, doch noch stand es im Schatten anderer sumerischer Städte wie Ur, Uruk, Lagasch oder Nippur. Einen ersten Höhepunkt erlebte es während der ersten Hälfte des 2. Jahrtausends, der „altbabylonischen Periode", unter einer Dynastie, die sich auf amurritische Nomaden aus dem syrischen Raum zurückführte. Der bedeutendste Herrscher dieser Dynastie war Hammurapi (1792 – 1750). Nach und nach gelang es ihm, ganz Babylonien vom Persischen Golf bis nach Mari am mittleren Euphrat unter seine Kontrolle zu bringen. Weltgeschichte schrieb Hammurapi durch seinen Gesetzeskodex, in dem das lokal zersplitterte Gewohnheitsrecht standardisiert oder bis dahin unklare juristische Sachverhalte geregelt wurden. Babylon wurde unter Hammurapi zur Hauptstadt des führenden Reichs in Mesopotamien. Marduk, der Stadtgott von Babylon, begann seinen Aufstieg zum überragenden Reichsgott. Der Prolog des „Kodex Hammurapi" reflektiert die historische Dimension der Ereignisse durch die Aussage, die großen Götter des älteren sumerischen Pantheons hätten Marduk die Götterherrschaft übertragen, Babylon größer als die anderen Städte werden lassen und in der Stadt ein ewiges Königtum begründet.

Das Ischtar-Tor war Teil der Prozessionsstraße, der prächtigsten Straße Babylons. Erbaut wurde es unter Nebukadnezar II. (605–562 v. Chr.). Hier eine Rekonstruktionszeichnung nach Robert Koldewey, der zwischen 1899 und 1917 große Teile Babylons ausgegraben hat.

Unter den Nachfolgern Hammurapis zerfiel das Reich wieder. Eine Krise der Landwirtschaft und Druck durch kassitische Einwanderer aus dem nordöstlich gelegenen Zagros-Gebirge ließen die Einflußsphäre Babylons auf ein Kerngebiet schrumpfen, so daß es im Jahr 1595 eine leichte Beute des aus Anatolien zu einem Raubzug aufgebrochenen Hethiters Mursili wurde. Dieser eroberte und zerstörte Babylon und verschleppte die Kultstatue des Marduk. Babylonien fiel in eine dunkle Epoche, aus der es erst Jahrzehnte später in einer veränderten Staatenwelt wieder auftauchte. Internationale Diplomatie zwischen Babylonien, dem aufstrebenden Assyrien, dem Mittani-Reich in Nordmesopotamien und den weit entfernten Ländern der Hethiter und Ägypter bestimmte nun die Geschicke Vorderasiens. In Babylonien übernahmen für die folgenden Jahrhunderte der „mittelbabylonischen Periode" die Kassiten das Ruder. Nachdem sie die Marduk-Statue zurückgeholt hatten, konnten sie sich von ihrer nunmehr unumstrittenen Hauptstadt Babylon aus recht gut im „Konzert der Mächte" behaupten, bis Grenzstreitigkeiten mit Assyrien zum Eklat führten. Im Verlauf der Auseinandersetzung zerstörte der assyrische König Tukulti-Ninurta I. (1243 – 1207) die Mauern Babylons, tötete die Einwohner der Stadt und raubte den Marduk-Tempel aus. Zwar gelang es Babylonien später für kurze Zeit, die assyrische Dominanz wieder zu brechen, doch das endgültige Aus für die Kassiten-Dynastie ließ nicht mehr lange auf sich warten. Im Jahr 1155 wurde Babylon erneut Ziel eines Angriffs. Diesmal waren es die aus Südwestiran stammenden Elamer, welche nebst vielen anderen Beutestücken die Marduk-Statue mitgehen ließen – für Babylon abermals ein identitätzerstörender, traumatischer Vorgang. Doch auch diesmal fand sich ein Retter in der Not in Gestalt Nebukadnezars I. (1125 – 1104), der einer babylonischen Dynastie entstammte, Babylonien konsolidierte und die Marduk-Statue wieder heimführte.

Die Phase der Konsolidierung war allerdings nicht von Dauer. Nomadeneinfälle und eine Verlagerung des Hauptarms des Euphrats nach Westen, wodurch einige Städte ihr Wasser großenteils verloren, lösten eine Krise aus, in deren Verlauf Babylonien wieder für Jahrhunderte in ein Dunkel zurückglitt. Größere ethnische Umwälzungen führten dazu, daß sich Aramäer, Chaldäer und später auch Araber neben der alteingesessenen babylonischen Bevölkerung ansiedelten. Das Assyrerreich wandelte sich in den ersten Jahrhunderten des 1. Jahrtausends immer mehr zu einem ganz Vorderasien beherrschenden Imperium, während die wechselnden Dynastien angehörenden Herrscher von Babylon

Die nördlich des Ischtar-Tors an die Prozessionsstraße angrenzenden Mauern waren mit Löwen-Reliefs aus Glasurziegeln geschmückt, die im Vorderasiatischen Museum in Berlin zu sehen sind.

kaum mehr als Kleinkönige waren. Es war nur eine Frage der Zeit, wann die Assyrer ihre unruhige und verwundbare Südflanke stabilisieren und Babylonien in ihr Reich eingliedern würden.

Der erste Assyrer, der sich Babyloniens bemächtigte, war Tiglatpilesar III. Nachdem er 731 in Babylonien eingefallen war, bestieg er selber den babylonischen Thron. Auch sein Sohn Salmanassar V. (726 – 722) war in Personalunion König von Assyrien und Babylonien. Sargon II. (721 – 705) hatte mit dem Chaldäer Mardukaplaiddina (dem biblischen Merodachbaladan) einen zähen Widersacher, der noch seinem Nachfolger Sanherib (704 – 681) große Schwierigkeiten bereitete. Der Versuch Sanheribs, Babylonien durch die Einsetzung eines Marionettenkönigs zu befrieden, scheiterte ebenso wie die Installierung seines ältesten Sohns als König von Babylon. Dieser fiel einer babylonisch-elamischen Verschwörung zum Opfer, womit das Faß jedoch zum Überlaufen gebracht wurde. Sanherib nahm an Babylon grausame Rache: Er eroberte 689 die Stadt, tötete die Zivilbevölkerung, deportierte den babylonischen König, raubte und vernichtete die Götterstatuen einschließlich der Marduk-Statue, schleifte die Befestigungen, zerstörte die Gebäude und leitete den Euphrat über die Stadt, so daß, wie sich die assyrischen Inschriften ausdrücken, noch im Persischen Golf der angeschwemmte Schutt zu sehen gewesen sei und in Babylon nur noch Vögel und Fische zwischen Schilfrohr und Euphratpappeln hausten. Damit war der Tiefpunkt der Stadtgeschichte Babylons erreicht, und es konnte nur noch aufwärts gehen.

Die Nachfolger Sanheribs, Asarhaddon (680 – 669) und Assurbanipal (668 – 627), bauten die Tempel und die Stadt wieder auf und ließen eine neue oder restaurierte Marduk-Statue in einer triumphalen Prozession nach Babylon führen. Grund für diese Wende in der Babylonpolitik war das hohe religiöse und kulturelle Prestige, das die Stadt auch in Assyrien genoß, weshalb der Militärschlag Sanheribs dort sehr umstritten gewesen war. Nichtsdestoweniger bestand die politische Abhängigkeit Babyloniens von Assyrien fort. Von 652 bis 648 revoltierte Babylonien unter Schamaschschumukin, dem Bruder Assurbanipals, allerdings ohne Erfolg: Nach zweijähriger Belagerung, die entsetzlichen Hunger und Not über die Bevölkerung brachte – in Assurbanipals Inschriften ist gar von Kannibalismus unter den Einwohnern Babylons die Rede –, wurde die Stadt eingenommen und ein König von Assyriens Gnaden auf den babylonischen Thron gesetzt. Die folgenden beiden Jahrzehnte sahen den Beginn einer ökonomischen und demographischen Erholung Babyloniens, die sich für viele Jahrhunderte fortsetzen sollte.

Die Großmacht Vorderasiens

Eine neue, nie dagewesene Blütezeit Babylons brach schließlich an, als das assyrische Imperium nach dem Tod Assurbanipals zerfiel. 625 bestieg Nabopolassar den babylonischen Thron, vertrieb die Assyrer aus seinem Land und begründete so das neubabylonische Reich. 612 eroberte er im Verein mit den Medern die assyrische Hauptstadt Ninive, womit Assyrien für immer von der Landkarte verschwand. Die erfolgreiche Politik Nabopolassars wurde von seinem Sohn Nebukadnezar II. (605 – 562) fortgesetzt, der Babylon zur Großmacht Vorderasiens machte. Nachdem dieser 605 noch als Kronprinz die Ägypter in Syrien geschlagen hatte, wandte er sich 597 und 587 gegen Jerusalem, eroberte es und deportierte den König Jehojakin samt der jüdischen Bevölkerung in die „babylonische Gefangenschaft“, wo es ihm nicht so schlecht erging, wie uns die Bibel glauben machen will: Rationenlisten aus dem Palast in Babylon belegen, daß Jehojakin wie ein königlicher Würdenträger behandelt und mit allem Lebensnotwendigen versehen wurde.

Die Prosperität des Reichs zeigte sich nicht zuletzt in den gewaltigen Baumaßnahmen, die Nebukadnezar überall im Land, besonders aber in seiner Hauptstadt Babylon durchführen ließ, die erst unter ihm zur Metropole wurde. Paläste, Befestigungen, zahlreiche Tempel, die Prozessionsstraße samt dem heute im Vorderasiatischen Museum in Berlin aufgebauten Ischtar-Tor und auch das Marduk-Heiligtum einschließlich des Hochtempels Etemenanki – nichts anderes als der aus der Bibel bekannte „Turm von Babylon“ – wurden aufs prächtigste restauriert und ausgebaut.

Unter den Nachfolgern Nebukadnezars dauerte die Blüte Babyloniens an, auch wenn der letzte unabhängige Herrscher Babylons, Nabonid (555 – 539), rätselhafterweise seine Hauptstadt für zehn Jahre verließ, um in einer nordarabischen Oase namens Tajma zu residieren; die Regierung daheim führte derweil der uns aus der Bibel vertraute Belsazar. Die Gründe für diesen Aufenthalt fern der Heimat sind den Historikern noch nicht völlig klargeworden, und schon der Antike erschien er recht rätselhaft: Das biblische Buch Daniel schildert, wie der babylonische König – hinter dem Namen Nebukadnezar verbirgt sich in Wirklichkeit Nabonid – vom Wahnsinn befallen wurde, so daß er wie ein Tier in der Steppe hauste und sich von Gras ernährte. Während der König sich in Tajma aufhielt, mußte das wichtigste babylonische Fest, das Neujahrsfest in Babylon, ausfallen, denn für seine Durchführung war die Anwesenheit des Königs unbedingt erforderlich. In

Babylonische Weltkarte (um 600), in der oberhalb des Kompaßpunktes Babylon eingezeichnet ist.

Ein Priester vor den Symbolen Marduks, der Hauptgottheit Babylons, und Nabus, des Gottes der Weisheit; es stammt aus dem 7./6. Jahrhundert v. Chr.. Im Alten Testament taucht Marduk unter der Bezeichnung „Baal" auf.

den letzten Jahren von Nabonids Herrschaft etablierte sich im Osten Mesopotamiens ein neuer Gegner: Kyros der Große. Das Reich der Achämeniden verleibte sich nach und nach ganz Vorderasien ein. 539 war Babylonien an der Reihe; Babylon selbst wurde kampflos genommen.

Babylon verlor dadurch zwar seine politische Selbständigkeit, nicht jedoch seine wirtschaftliche Prosperität und kulturelle Blüte. Als Hauptstadt einer im Zentrum des Achämenidenreichs gelegenen Satrapie (einer persischen Verwaltungseinheit) besaß es zudem nach wie vor eine bedeutende Königsresidenz. Die ersten Achämenidenherrscher sahen sich in der Tradition der babylonischen Könige, wie ihr Titel „König von Babylon" ebenso zeigt wie ihre Beteiligung am babylonischen Neujahrsfest. Alexander der Große war noch so stark vom Mythos Babylons ergriffen, daß er die Stadt um 331 zur Hauptstadt seines Weltreichs erkor – nur sein vorzeitiger Tod vereitelte diesen Plan. Zwar führte noch einer seiner späteren Nachfolger in Vorderasien, der Seleukidenherrscher Antiochos I. (281 – 260), Baumaßnahmen in Babylon durch, und die Stadt erhielt während der Seleukidenzeit ein griechisches Theater, das von Seleukos I. (305 – 281) als Residenzstadt neugegründete Seleukia (nördlich von Babylon am Tigris) ließ die Bedeutung Babylons jedoch allmählich verblassen.

In der Partherzeit (seit 141) wurden Babylon und seine unmittelbaren Nachbarstädte Borsippa und Kutha zum Rückzugsgebiet traditioneller babylonischer Kultur. Babylon war die letzte Stadt, in der noch um die Zeitenwende bis ins 1. und 2. Jahrhundert n. Chr. Keilschrifttexte – überwiegend astronomischen und astrologischen Inhalts – verfaßt wurden. Eine Zeitlang standen auch noch größere Teile der Stadt. So erwähnt ein Keilschrifttext aus dem Jahr 133, daß es noch immer unmöglich war, die Stadtmauer zu übersteigen. Der einstige Königspalast existierte mindestens bis ins Jahr 124, als in ihm ein Feuer wütete. Noch im Jahr 91 suchten die Einwohner der umliegenden Dörfer in der Stadt Schutz vor den Arabern. Die letzten in Keilschrifttexten erwähnten Bauten sind der Marduk-Tempel Esangil und der Nabu-scha-hare-Tempel, die noch für das Jahr 77 bezeugt sind. Der griechische Historiker Diodorus Siculus (80 – um 29) berichtet, daß kleine Teile des Stadtgebiets bewohnt gewesen seien. Innerhalb der Mauern überwiege allerdings Akkerland, die Paläste seien beschädigt oder zerstört. Dem Geographen und Historiker Strabo zufolge gab es noch 18/19 n. Chr. in Babylon eine Astronomenschule, der größte Teil der Stadt sei jedoch verlassen. Der römische Geschichtsschreiber Cassius Dio (um 163 – um 235 n. Chr.) behauptete, Trajan habe 116 n. Chr. in Babylon nur noch Schutthalden, Steine und Ruinen vorgefunden, während der etwas ältere, aus Kleinasien stammende Geograph Pausanias angab, der Tempel des Bel (Marduk) und die Stadtmauern seien erhalten gewesen.

Der Mythos lebt

Die Kenntnis von Babylon ging über die folgenden Jahrhunderte nie völlig verloren. Juden und Christen besuchten die Ruinen bei der Stadt al-Hillah, um die Löwengrube Daniels zu besichtigen. Die arabischen Geographen des Mittelalters bestimmten die Lage Babylons exakt und wußten sogar noch, daß die Stadt einst am Euphrat gelegen hatte, obwohl der Fluß längst woanders floß. Ein Dorf namens Babil in der Nähe der Ruinen bewahrte den alten Namen. Über die Menschen, die dort einst lebten, wußte man jedoch kaum mehr, als daß sie Experten in geheimen Künsten wie Magie und Astrologie gewesen seien und sich dem Laster in Gestalt ungezügelter Erotik und Trunkenheit ergeben hätten.

Der erste Europäer, der Babylon besuchte, war Benjamin von Tudela (um 1165). Er berichtete, die Ruine von Babylon habe einen Umfang von 30 Meilen. Man sehe den zerstörten Palast Nebukadnezars, „den aber niemand betritt aus Furcht vor Schlangen und Skorpionen". Den noch hochstehenden Tempelturm von Borsippa hielt er wie einige Reisende nach ihm fälschlicherweise für den biblischen Turm zu Babel. Der Schwabe Leonhart Rauwolf kam 1574 nach Babylon, beschrieb die Gegend jedoch als „so öd, daß ich sehr gezweifflet hätt, ob die mächtige und gewaltige Stadt (welche bald die höchste in der Welt ein zeitlang gewesen und in der schönen und fruchtbaren Landschaft Sinear gelegen) alda gestanden wäre, wann ichs nit der Gelegenheit nach, auch bei den viel gar alten und herrlichen Antiquitäten, so hierumb ganz öd stehn, hätte abnehmen und erkennen mögen". „Dem bibelkundigen Arzt fiel also bereits der Gegensatz zwischen der biblischen und antiken Überlieferung von der außerordentlichen Fruchtbarkeit des Landes und dem Zustand, in dem er es vorfand, auf", merkt dazu der Altorientalist Gernot Wilhelm an. „Der größte Teil Babyloniens ist seit langem versteppt, teilweise bedecken sogar Sanddünen den Boden, der einst derart fruchtbar war, daß sich hieran die Vorstellung vom Paradiesgarten knüpfen konnte." Als Ursache nennt Wilhelm die intensive Bodennutzung durch mehrere Jahrtausende, die Bodenversalzung und die Zerstörung des Kanalsystems durch die Mongolen im 13. Jahrhundert.

In der Folgezeit besuchten noch manche Reisende Babylon. Aber erst am Ende des 19. Jahrhunderts war die Zeit reif, die versunkene Metropole mit den Mitteln der Archäologie wieder erstehen zu lassen. 1898 wurde die Deutsche Orient-Gesellschaft mit dem Ziel gegründet, das orientalische Altertum zu erforschen und für die Königlichen Museen in Berlin Altertümer zu erwerben. Die Gesellschaft erkor Babylon zu ihrer ersten Ausgrabungsstätte im Orient. Zum Expeditionsleiter wurde Robert Koldewey (1855 – 1925) berufen. Er war Architekt und gleichzeitig ein erfahrener Archäologe. Die Ausgrabung wurde durch Spenden einiger Gründungsmitglieder der Gesellschaft finanziert, vor allem aber durch beträchtliche Beihilfen Kaiser Wilhelms II., der sich sehr für die Archäologie des Vorderen Orients interessierte. Gernot Wilhelm charakterisiert die im März 1899 aufgenommenen Arbeiten, die bis zum Ersten Weltkrieg andauerten, als die in quantitativer Hinsicht bis heute größte archäologische Ausgrabung in Vorderasien: „Koldewey grub meist ganzjährig, also auch in der glühenden Sommerhitze, die in der Gegend von Babylon nicht selten 50° erreicht. Meist arbeitete er mit 200 – 250 einheimischen Arbeitern ... Dies bedeutet insgesamt ca. 1,2 Millionen ‚Mann-Arbeitstage' – nach heutigen Ausgrabungslöhnen im Orient wären dafür etwa 7 – 12 Millionen DM zu bezahlen." Der enorme Arbeitskräfteeinsatz war notwendig, weil die Ruinen mitsamt dem sie überlagernden Schutt teilweise bis zu 24 Meter hoch waren – und dennoch habe nur ein Bruchteil der Stadt ausgegraben werden können, „vor allem die Paläste und Tempel, ein Teil der Wohnbebauung und der Befestigung der inneren Stadt auf dem östlichen Euphrat-Ufer. Überhaupt nicht gegraben

Historisches Vorbild für den im Buch Genesis erwähnten und als Sinnbild menschlicher Hybris geltenden „Turm von Babel" ist der unter Nebukadnezar II. erbaute Hochtempel Etemenanki (hier ein Rekonstruktionsmodell).

Der Turm von Babylon bewegt die Phantasie der Menschen seit Jahrtausenden. Die berühmteste künstlerische Darstellung stammt von Pieter Brueghel d. Ä. (1563). Das Gemälde befindet sich im Kunsthistorischen Museum in Wien.

ist die Innenstadt auf dem westlichen Euphrat-Ufer sowie die gesamte Außenstadt; es ist nicht einmal klar, ob auch auf dem westlichen Ufer die Innenstadt noch von einer Außenstadt umgeben war."

Die Ausgrabungen konnten fast ausschließlich das Babylon Nebukadnezars II. und der Folgezeit wiedergewinnen, während die älteren Schichten aufgrund des hohen Grundwasserspiegels unerreichbar blieben. Es war diese Spätzeit, die den Ruf Babylons als Stadt zweier Weltwunder und glänzende Metropole begründete. Was sah ein Besucher, ein antiker „Tourist", der Babylon im 6. Jahrhundert betrat? Geben wir ihm den babylonischen Namen „Kudurru" und begeben uns mit ihm auf eine Zeitreise zurück in die Vergangenheit, wobei unser Rundgang in der Hauptsache auf Koldeweys Erkenntnissen beruht.

Mit „Kudurru" auf einer Zeitreise in die Vergangenheit

Von Nordosten kommend, sah Kudurru schon von weitem die äußere Stadtmauer Babylons aus der südmesopotamischen Ebene aufragen. Es handelte sich um ein dreiteiliges Festungswerk, das der Antike als ein Weltwunder galt: außen ein zur Stadtseite hin mit einer Böschungsmauer befestigter Graben, an den sich eine acht Meter starke Mauer aus gebrannten Ziegeln und im Abstand von zwölf Metern eine zweite, sieben Meter starke Mauer aus Lehmziegeln anschloß. Der Zwischenraum zwischen beiden Mauern war wahrscheinlich mit Erdreich angefüllt, so daß sich eine Gesamtbreite der Befestigung von 27 Metern ergibt – Herodots Behauptung, auf der Mauer hätten sich zwei vierspännige Wagen begegnen können, scheint nicht übertrieben zu sein. Seine Längenangabe von 85,6 Kilometern ist jedoch überschwenglicher Phantasie entsprungen: Die Doppelmauer umschloß die Stadt in einem Umfang von 18 Kilometern.

Nachdem Kudurru diese Mauer passiert hatte, wanderte er durch Dattelpalmgärten und an Schafherden vorbei, bis er zur zweiten, inneren Befestigungsanlage gelangte. Auch diese bestand aus einer Doppelmauer mit vorgelagertem Graben, die äußere 3,25 Meter, die innere 6,5 Meter stark. Sie umschloß das eigentliche, bebaute Stadtgebiet, das eine Fläche von etwa 800 bis 1000 Hektar umfaßte. „Damit", so Gernot Wilhelm, „war Babylon die größte ummauerte Stadt des Altertums vor dem Bau der aurelianischen Mauer in Rom"; diese habe rund 1500 Hektar umschlossen, die hethitische Hauptstadt Hattuscha im 13. Jahrhundert 167,7, die assyrische Hauptstadt Ninive 750 (um 700) und Athen sogar nur 220 (um 480). Wie viele Einwohner Babylon besaß, läßt sich dagegen nur schwer schätzen; es waren wohl maximal einige wenige hunderttausend, doch ohne Zweifel war Babylon zu seiner Zeit die einwohnerreichste Stadt des Orients, ja wahrscheinlich der ganzen Welt.

Durch das Marduk-Tor tauchte Kudurru in die dichtbebauten Wohngebiete ein. Die Lehmziegelhäuser zu beiden Seiten der Straße waren mit Gipsmörtel weiß verputzt und wiesen zur Straßenseite eine abweisende, fensterlose Front auf. Doch Kudurru wußte, was sich hinter der Außenmauer eines typischen babylonischen Wohnhauses dieser Zeit verbarg. Durch die Tür gelangte man über einen Vorraum in einen Hof, von dem aus ein größerer Hauptraum und mehrere kleinere Räume zugänglich waren. Hier tätigte die Familie ihre Geschäfte in Handel und Handwerk, hier wurden Besucher empfangen, spielten die kleineren Kinder, wurden mitunter Haustiere gehalten. Ein anderer Trakt mit kleinen Räumen war dem Besucher normalerweise nicht zugänglich; hier wohnte die Familie. Vom Hof führte eine Treppe auf das flache Dach, das ebenfalls Wohnzwecken diente, oder in einen zweiten Stock.

Die Straßen waren ungepflastert, verliefen überwiegend geradlinig und schnitten sich meist rechtwinklig. Allerlei Unrat lag herum, obwohl es zumindest in einigen Stadtvierteln eine Kanalisation gab. Auf den Straßen beobachtete Kudurru ein buntes Treiben. Handwerker saßen vor ihren Häusern und ließen sich bei ihrer Arbeit zusehen. Händler boten an den Toren, den Straßenkreuzungen oder in kleinen Läden ihre Waren an. Barbiere schnitten Haare und Bärte. Unter dem Schreien der Treiber schleppten Esel und Kamele ihre Lasten. An den Straßenkreuzungen standen kleine Straßenaltäre, an denen sich wohl bisweilen auch ein Schreiber niedergelassen hatte, um auf seine oft analphabetische Kundschaft zu warten. Hunde streunten herum. Es herrschte ein „ba-

Eine historische Aufnahme: Am 1. April 1902 begann Robert Koldewey mit der Ausgrabung des Ischtar-Tors in Babylon. Das Foto aus den ersten Tagen der Grabung zeigt Arbeiter bei der Freilegung eines großen Mauerblocks.

Die freigelegten Mauern des Ischtar-Tors (Aufnahme um 1902). Unter Verwendung der glasierten Originalziegel wurde die Nordfront im Vorderasiatischen Museum in Berlin wiederaufgebaut.

bylonisches Sprachengewirr“: Neben Babylonisch hörte Kudurru am häufigsten Aramäisch, seltener Phönikisch, Arabisch, Medisch, Altpersisch und wohl noch manch anderes Idiom, das er nicht identifizieren konnte. Nicht von ungefähr deutete die Bibel den Namen „Babylon“ von der hebräischen Wurzel *bll* (mischen) her: „Darum wird diese Stadt Babel genannt, denn dort hat der Herr die Sprache der Menschen verwirrt und von dort aus die Menschen über die ganze Erde zerstreut“, heißt es in Genesis 11, 9. Dies war aber nur eine gelehrte Etymologie, mit der die Babylonier selbst nicht viel anzufangen wußten. Für sie war seit alters klar, daß der Name ihrer Stadt von babylonisch *bab ili* abzuleiten sei, also „Gottespforte“ bedeutete. Heute wissen wir, daß auch das nicht stimmt und „Babylon“ auf ein uraltes, vorbabylonisches, nicht mehr deutbares Wort *babillu* zurückgeht.

Kudurru brauchte nicht zu fragen, wie er zum zentralen Heiligtum Babylons, dem Marduk-Tempel, gelangte. Denn der Tempelturm (babylonisch *ziqqurratu*) Etemenanki („Haus: Grundfeste von Himmel und Erde“) war das höchste Gebäude der Stadt, mit einer Höhe von vermutlich rund 90 Metern für die damalige Zeit ein Wolkenkratzer und daher schon von weitem sichtbar. Der Bibel galt der „Turm zu Babel“ als Sinnbild menschlicher Hybris: „‚Wohlan, laßt uns eine Stadt bauen und einen Turm, dessen Spitze bis zum Himmel reicht! Wir wollen uns einen Namen machen, damit wir uns nicht über die ganze Erde zerstreuen!‘ Da stieg Jahwe herab, um die Stadt und den Turm anzusehen, den die Menschen gebaut hatten. Und Jahwe sprach: ‚Siehe, sie sind ein Volk und sprechen alle eine Sprache. Das ist erst der Anfang ihres Tuns. Fortan wird für sie nichts mehr unausführbar sein, was immer sie zu tun ersinnen‘“ (Genesis 11, 4 – 6). Der Turm verfiel bereits in der Achämenidenzeit mehr und mehr. Alexander der Große ließ um 331 die gewaltigen Schuttmassen beiseite räumen, um das Fundament für einen neuen Turm zu legen, doch sein vorzeitiger Tod brachte das Ende aller Wiederaufbaupläne. Ziegelräuber – im Orient bis zur

Zeit des Betonbaus eine der Plagen für die Archäologie – taten ein übriges, um das Bauwerk fast komplett abzutragen. So konnten die Ausgräber nur den untersten Teil des Turms wiedergewinnen: „1913 konnte Koldewey die Ruine genauer untersuchen, weil nach dem Bruch eines Euphratstaudammes der Grundwasserspiegel abgesunken war und die untersten Lagen von gebrannten Ziegeln sichtbar wurden, die den Ziegelräubern entgangen waren, weil sie bis dahin unter der Wasseroberfläche gelegen hatten. Es ergab sich nun, daß der Turm auf einer Fläche von durchschnittlich 91,55 m Seitenlänge stand ... Auf der Südseite befanden sich drei Treppenaufgänge. Die bis heute nicht mehr vorhandene Mitteltreppe ist länger als die Seitentreppen. Von der westlichen Seitentreppe sind 16 Stufen erhalten, von der östlichen sieben, so daß man für diese Treppen den Neigungswinkel messen kann. Der Neigungswinkel der Treppen ist natürlich wesentlich für die Rekonstruktion des Turms“ (Gernot Wilhelm).

Der Aufbau des Turms läßt sich aus zwei verschiedenen Quellen erschließen. Seit langem bekannt ist die Beschreibung Herodots: „In der Mitte des Heiligtums ist ein Turm gebaut, ohne Innenraum ... und auf diesen Turm ist ein weiterer Turm gekommen und dann immer noch einer drauf, bis es acht sind. Der Aufstieg ist außen rings um alle Türme herum geführt; und ist man bis zur Mitte aufgestiegen, gibt es einen Ort zur Rast und Sitze zum Ausruhen, und da lassen die Aufsteigenden sich nieder und ruhen sich aus. Auf dem letzten Turm aber steht ein großes Gotteshaus ...“ Die zweite Quelle ist eine Übungstafel, die ins Jahr 229 datiert und verschiedene mathematische Aufgaben anhand der Kultbauten Babylons darstellt. Aus dieser Tafel ergibt sich, daß der Turm nicht acht, sondern nur sieben Stockwerke besaß; Herodot zählte die Fundamentplatte als achtes Stockwerk mit. Der Hochtempel lag im sechsten Stockwerk, während der oberste Stock vermutlich ein astronomisches Observatorium barg – Babylonien war damals nicht nur ein Zentrum der Astrologie, sondern auch führend in der Wissenschaft der Astronomie.

Neben dem Hochtempel Etemenanki besichtigte Kudurru den Tieftempel Esangil („Haus, das das Haupt erhebt“), dessen Allerheiligstes – das Kudurru allerdings nicht betreten durfte – die Marduk-Statue barg. Nebukadnezar berichtet in seinen Inschriften, wie er den Tempel mit kostbarsten Materialien ausstattete: „Silber, Gold, erlesene kostbare Steine, Kupfer, Sissoo- [eine Art Palisander] und Zedernholz, alles erdenkliche Kostbare, rötliche Pracht aus den Bergen, den Reichtum der Meere, vornehmste Erzeugnisse, üppige Gaben brachte ich vor ihn [Marduk] in meine Stadt Babylon und stattete damit *Esangil*, seinen Herrschaftspalast, aus. *Etuscha*, die Cella Marduks, des Götterherrn, ließ ich sonnengleich erglänzen. Ich ließ ihren Wandputz mit rotem Gold statt mit Gips und Asphalt und das [Statuen-] Postament mit Lapislazuli und Alabaster verkleiden ... Das Gerät des Tempels *Esangil* schmückte ich mit rotem Gold und das [Prozessions]schiff namens] *Matuscha* mit funkelndem Gold und Edelsteinen gleich den Sternen des Himmels ... Die besten meiner Zedernstämme, die ich aus dem Libanon, dem [von Schnee] glänzenden Wald gebracht hatte, suchte ich für das Dach des *Etuscha*, seiner herrschaftlichen Cella, sorgfältig aus. Die starken Zedern[balken] für das Dach des *Etuscha* überzog ich mit leuchtendem Gold. Die Tragbalken unter den Zedern[balken] des Daches schmückte ich mit Gold und ausgesuchten Edelsteinen.“

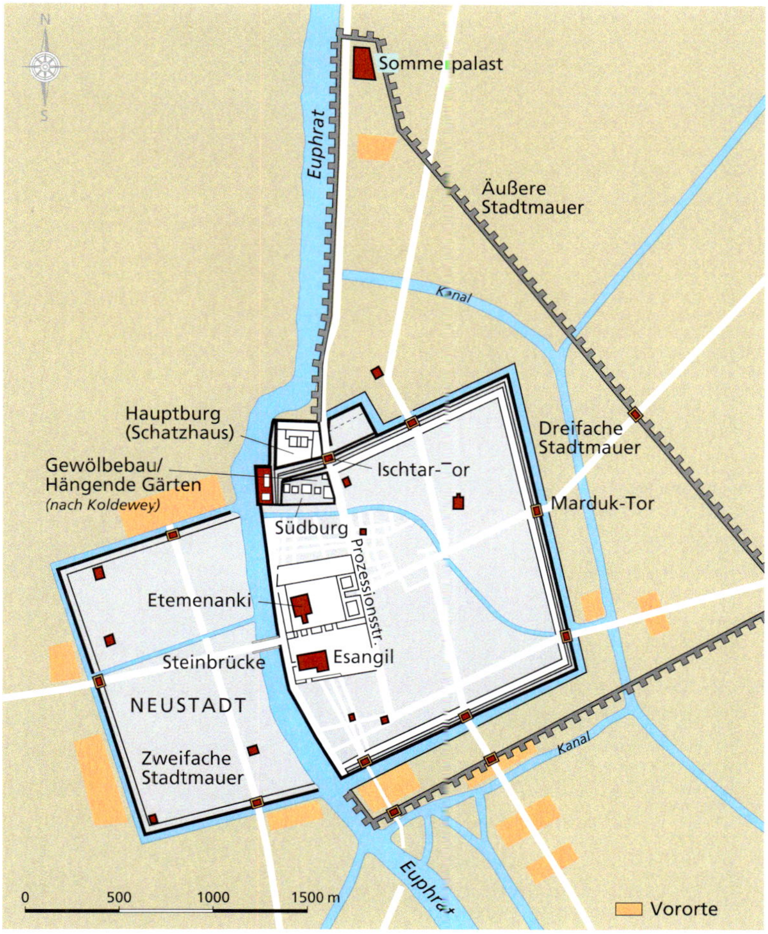

Die Prozessionsstraße war 16 Meter breit und 250 Meter lang. Auf dem Bild ist die Rekonstruktion der Straße in Babylon zu sehen.

Auf der Prozessionsstraße zur Euphratbrücke

Nach der Besichtigung des Esangil spazierte Kudurru auf der Prozessionsstraße namens Ajiburschapu („möge der Feind keinen Bestand haben") östlich des Tempelturms Etemenanki nach Norden in Richtung Ischtar-Tor. Es war die prächtigste Straße Babylons, auf der beim babylonischen Neujahrsfest die Marduk-Statue aus ihrem Tempel in ein Festhaus außerhalb der inneren Stadtbefestigung und wieder zurück zog. Sie war 16 Meter breit und mit weißen Kalkstein- und roten Brecciaplatten [einem unter hohem Druck aus kantigen Gesteinstrümmern „gebackenen", sehr harten Gestein] gepflastert. Die nördlich des Ischtar-Tores an die Prozessionsstraße unmittelbar angrenzenden Mauern waren „mit Reliefs aus Glasurziegeln geschmückt, die Löwen darstellten. Auf jeder Seite schreiten dem Eintretenden 60 Löwen entgegen, jeder 1,95 m lang. Zwei unterschiedliche Glasurkolorierungen wurden verwendet, nämlich die Kombination von weißem Fell und gelber Mähne und die von gelbem Fell und roter, inzwischen grün gewordener Mähne. Der 180 m lange Löwenfries war durch je einen Streifen mit Rosetten eingefaßt" (Gernot Wilhelm). Staunend verweilte Kudurru am blauglasierten Ischtar-Tor – es war nach der babylonischen Göttin von Liebe und Krieg benannt – in der Nordmauer der inneren Stadtbefestigung und betrachtete die gelben Stiere und Schlangendrachen, mit denen die Wände geschmückt waren. Heute kann der Besucher des Vorderasiatischen Museums in Berlin das aus Tausenden Fragmenten wiederaufgebaute Ischtar-Tor bewundern.

Noch bevor Kudurru das Ischtar-Tor erreichte, kam er an der gewaltigen, 190 mal 300 Meter messenden „Südburg", der königlichen Residenz, vorbei. An fünf Höfen lagen die Repräsentations- und Verwaltungsräume sowie die Privatgemächer der königlichen Familie. An den 55 mal 60 Meter großen gepflasterten Haupthof, in dessen Mitte ein Brunnen kühles Wasser verströmte, grenzte der Thronsaal, der 17 mal 52 Meter maß. Seine rekonstruierte Hoffront ist heute im Vorderasiatischen Museum zu Berlin zu besichtigen. Sie besteht aus glasierten Ziegeln, die auf blauem Hintergrund stilisierte Bäume mit gelbem Stamm und blauen Blättern zeigen. In der Wand gegenüber fanden die Ausgräber eine Nische, in der der Königsthron gestanden haben muß. Möglicherweise hatte der Dichter des biblischen Buches Daniel diesen Saal im Sinn, als er vom Gastmahl des Belsazar schrieb, bei dem das Menetekel wie von Geisterhand an der Wand erschien.

Außerhalb der inneren Stadtbefestigung schloß sich nördlich an die Südburg die „Hauptburg" an, die als Schatzhaus diente, in dem allerlei Kriegstrophäen und Beutestücke ausgestellt waren. Vielleicht dürfen wir uns vorstellen, daß Kudurru zu diesem „Museum" Zutritt hatte und sich die Zeit für einen Rundgang nahm. Die Ziegelräuber haben sich hier im Lauf der Jahrhunderte besonders eifrig bedient, so daß den Archäologen nur eine magere Ausbeute beschert war.

Die Prozessionsstraße führte an der „Hauptburg" vorbei nach Norden, und Kudurru erreichte das in den Ausgrabungen nicht lokalisierte Neujahrsfesthaus. Vielleicht kam er sogar bis zum Sommerpalast des Königs in der Nordostecke der äußeren Stadtbefestigung, den die Archäologen aus dem „Babil" genannten Hügel gruben. Doch dann war Kudurru sicherlich erschöpft, und es wurde Zeit für eine längere Rast. Er hatte gehört, daß sich am Euphrat, der mitten durch die Stadt floß, trefflich speisen und ausruhen ließe. So ging er den ganzen langen Weg über die Prozessionsstraße zurück zur berühmten Euphratbrücke, der ältesten Steinbrücke, von der wir Nachricht haben, wie Koldewey urteilte. Diodor schrieb den Bau dieser Brücke der Königin Semiramis zu: „Die Pfeiler wurden künstlich in den Grund eingesenkt; sie standen 12 Fuß [rund 3,6 Meter] voneinander ab. Die Steine, welche die Gewölbe bildeten, wurden mit eisernen Zapfen befestigt und die Fugen derselben mit Blei ausgefüllt. Die Pfeiler hatten auf der Seite gegen die Strömung

Stier-Relief von der Prozessionsstraße (um 580 v. Chr.).

Der Drache war das Symboltier des Gottes Marduk. Drachen-Relief von der Prozessionsstraße (um 580 v. Chr.).

einen eckigen Vorsprung, dessen Seiten geschweift waren und allmählich bis zu der Breite des Pfeilers ausliefen, so daß das scharfe Eck den Andrang des Gewässers zerteilte und die dem Stoß ausweichende Rundung die Gewalt des Stromes brach. Die Brücke war mit Zedern- und Zypressenbalken und mit ungewöhnlich großen Palmstämmen belegt und hatte 30 Fuß [rund neun Meter] in der Breite. Sie war mit so vieler Kunst gebaut als irgendein anderes Werk der Semiramis." Diodors Längenangabe von fünf Stadien (rund 800 Meter) ist allerdings phantasievolle Überhöhung; Koldewey konnte bei seinen Ausgrabungen eine Länge von 123 Metern ermitteln. Über diese Brücke wanderte Kudurru in den westlich des Euphrats gelegenen Stadtteil und fand tatsächlich unter Palmen einen kühlen Platz, an dem er sich niederlassen und stärken konnte. Dort wollen wir ihn verlassen und mit ihm nicht mehr die vielen anderen Sehenswürdigkeiten, etwa die weiteren 52 Tempel der Stadt, die Stadttore und verschiedenen Stadtbezirke besichtigen.

Das Rätsel der „Hängenden Gärten"

Der Leser wird sich an dieser Stelle fragen, wieso er Kudurru nicht zur bekanntesten Attraktion Babylons begleiten durfte: den „Hängenden Gärten", die der Antike als eines der sieben Weltwunder galten und in der nachantiken Zeit – nicht, wie oft angenommen, bereits im Altertum – zu den „Hängenden Gärten der Semiramis" wurden. Der Grund ist, daß die Wissenschaft der Altorientalistik bis heute darüber streitet, wo diese Gärten gelegen, wie sie ausgesehen, ja ob sie überhaupt in Babylon existiert haben.

Die ausführlichste Beschreibung liefert Diodor: „Der sogenannte Garten neben der Burg war nicht ein Werk der Semiramis, sondern eines späteren syrischen Königs. Dieser, sagt man, habe einer Nebenfrau zuliebe, einer geborenen Perserin, welche die Gebirgsauen vermißte, durch eine künstliche Anpflanzung die Eigentümlichkeit des persischen Bodens nachahmen wollen. Jede Seite des Parks war 400 Fuß [rund 120 Meter] lang; er zog sich bergan und hatte mehrere Erhöhungen hintereinander, in der Art, wie man es in einem Theater sieht. Unter diesen abgestuften Anlagen standen Hallenreihen, welche die ganze Masse des Gartens trugen; die folgende war immer, aber nur um weniges höher als die vorhergehende. Die letzte Hallenreihe war 50 Fuß [rund 15 Meter] hoch; auf derselben ruhte die oberste Fläche des Parks, die in gleicher Höhe mit dem oberen Raume der Stadtmauer lag. Die festen Zwischenmauern, auf die man viel verwendet hatte, waren 22 Fuß [rund 6,6 Meter] dick, die Öffnungen aber 10 Fuß [rund drei Meter] breit. Oben herüber waren steinerne Balken gelegt, welche mit ihren Fugen eine Länge von 16 Fuß [rund 4,8 Meter] hatten und 4 Fuß [rund 1,2 Meter] breit waren. Die Bedeckung dieser Balken bestand fürs erste aus einer Unterlage von Schilfrohr mit vielem Erdpech vermischt, sodann aus einer doppelten Schicht von gebrannten, mit Gips zusammengefügten Ziegelsteinen, und darauf folgten noch, als drittes Dach, bleierne Platten, damit die Feuchtigkeit von der Erde nicht in den unteren Raum durchdrang. Auf diesem Grund nun war Erde aufgeschüttet, hoch genug, daß die größten Bäume darin wurzeln konnten. Der Boden war geebnet und dicht bepflanzt mit Bäumen aller Art, deren Größe und Schönheit einen angenehmen Anblick gewährte. Die Hallenreihen erhielten dadurch Licht, daß sie übereinander hervorragten; es waren darein viele königliche Gemächer zu verschiedenen Zwecken gebaut. In einer derselben aber, welche Öffnungen gegen die oberste Fläche zu hatte, war ein Pumpwerk angebracht, wodurch man Wasser genug aus dem Fluß heraufziehen konnte, ohne daß man von außen etwas davon bemerkte. Dieser Park ist, wie gesagt, später [als Semiramis] angelegt worden." (Die Übersetzung folgt Koldewey, doch habe ich das bei ihm mit „assyrisch" wiedergegebene griechische *syrou* mit „syrisch" übersetzt.)

Neben Diodor erwähnen auch Josephus, Strabo und Curtius Rufus diese Gärten. Nach Strabo lagen sie am Euphrat, nach Josephus und Diodor neben dem Palast. Koldewey glaubte, in einem „Gewölbebau" genannten Teil der „Südburg" die Hängenden Gärten wiederentdeckt zu haben. Der Berliner Archäologe Rainer Czichon schreibt dazu („Nebukadnezar II. B. Archäologisch", in: Reallexikon der Assyriologie und Vorderasiatische Archäologie Band 9; 199 – 2001): „Der ‚Gewölbebau' … in der Nordostecke des Palastes galt lange Zeit unumstritten als Substruktion der ‚Hängenden Gärten der Semiramis' … Der von einer starken Mauer umgebene Kernbau besteht aus je sieben länglichen Kammern beidseits eines Mittelgangs. Er wird an drei Seiten von einem Kranz kleinerer, rechteckiger Kammern umschlossen. Alle Räume waren mit Tonnengewölben eingedeckt und lagen unterhalb des Palastfußbodenniveaus. Die in den antiken Quellen beschriebene Verwendung von Haustein und ein bis zum Grundwasser hinunterreichender Brunnenschacht in einer der Kammern nährte den Glauben, den Standort der ‚hängenden Gärten' richtig lokalisiert zu haben. Daran änderte auch der Fund eines Tontafelarchivs mit Rationenlisten in den Kammern, die weite Entfernung zu den königlichen Privatgemächern und das Mißver-

Die Harfe gehört zu den ältesten Instrumenten der Menschheitsgeschichte. Hier ein Terrakotta-Relief aus Babylon (2. Jahrhundert v. Chr.).

Bis heute wird darüber gestritten, wo die berühmten „Hängenden Gärten" in Babylon gelegen, wie sie ausgesehen – und ob sie überhaupt existiert haben. Der Rekonstruktionsversuch stammt von Robert Koldewey, dem Ausgräber Babylons.

hältnis der tatsächlichen Größe gegenüber den Quellenangaben nichts."

Der Archäologe Wolfram Nagel und andere sahen dagegen im „westlichen Vorwerk" direkt am Euphrat eine zu den Hängenden Gärten gehörende Konstruktion. Dieser Baukomplex besitzt 20 bis 25 Meter dicke Mauern, die den unmittelbar vorbeifließenden Euphrat in sein Bett lenken, und könnte – mit Erde gefüllt – Gärten getragen haben. Ein weiterer Vorschlag zur Lokalisierung stammt von dem Londoner Altorientalisten Donald J. Wiseman. Danach hätten die Gärten im Euphratbogen westlich der „Hauptburg" und nördlich des „westlichen Vorwerks" gelegen. D. W. W. Stevenson wiederum suchte sie zwischen Südburg und dem Tempelturm Etemenanki.

Ganz andere Wege beschritt die Oxforder Altorientalistin Stephanie Dalley. Sie war der Ansicht, daß bei den antiken Schriftstellern eine Verwechslung vorläge und die Hängenden Gärten gar nicht in Babylon existiert hätten, sondern vielmehr von Sanherib im assyrischen Ninive angelegt worden seien. Gegen diese These haben jedoch die Innsbrucker Althistoriker Reinhold Bichler und Robert Rollinger Einwand erhoben; in einer überzeugenden, detaillierten Argumentation können sie zeigen, daß die angebliche Verwechslung von Ninive und Babylon nie stattgefunden hat und daß alle antiken Quellen die Gärten klar in Babylon lokalisieren. Zusätzlich ist zu bedenken, daß königliche Gärten und Parkanlagen – „Paradiese", wie sie bei den klassischen Autoren heißen – eine alte orientalische Tradition sind, die sowohl bei den Assyrern als auch später bei den Persern bezeugt ist, weshalb entsprechende Anlagen durchaus und gerade auch im prächtig ausgebauten Babylon Nebukadnezars und seiner Nachfolger zu erwarten sind. In diesen Parks wurden heimische und exotische Bäume aller Art angepflanzt und sogar verschiedenste Tiere gehalten – sozusagen die frühesten Wildparks oder Zoos der Welt. Wenn somit kaum ein Zweifel an der grundsätzlichen Richtigkeit der klassischen Quellen und der Existenz einer überaus eindrucksvollen Gartenanlage im Babylon des 6. Jahrhunderts angebracht ist, so ist der archäologische Nachweis derselben schwierig, weil naturgemäß nur wenige Überreste die Jahrhunderte überdauert haben können.

Einen Schritt weiter führt möglicherweise eine in unserer Diskussion bisher ausgesparte Quelle: die Keilschrifttexte. Lassen wir sie zum Schluß sprechen, um dem Leser einen Einblick in die manchmal mühevolle, aber stets auch spannende und lohnende Arbeit des altorientalischen Philologen zu geben. Im Zusammenhang mit seinen Palastbauten berichtet Nebukadnezar in einer schwierigen Passage: „Zwei starke Kaimauern baute ich aus Bitumen und gebrannten Ziegeln als Feste wie ein Gebirge. Zwischen ihnen errichtete ich einen Bau aus gebrannten Ziegeln und baute hoch oben auf ihm ein großes *kummu* aus Bitumen und gebrannten Ziegeln für meine königliche Wohnstätte." An einer anderen Stelle heißt es: „Ein gro[ßes] *kummu* mit *gigunatim* [... erbaute ich]."

Ein *kummu* kann sowohl einen Tempel- als auch einen Palastteil bezeichnen; an unseren Stellen ist zweifellos letzteres gemeint; *gigunu* ist gewöhnlich ein Ausdruck für den Tempelturm oder ein auf Terrassen errichtetes Heiligtum. Nur bei Nebukadnezar kommt der Plural *gigunatim* vor. Bereits das „Chicago Assyrian Dictionary" hatte 1956 vermutet, daß Nebukadnezar von einer Gartenanlage auf Terrassen als Teil der Königsresidenz spreche, gleichzeitig aber Zweifel an dieser Interpretation geäußert, da nirgendwo von Bäumen im Zusammenhang mit diesem Bauwerk die Rede sei. Allerdings wird in wesentlich früheren sumerischen Inschriften häufiger erwähnt, ein *gigunu* sei „in einem Wald" oder „inmitten von Zedern" errichtet worden. Man hat das bisher immer so verstanden, daß das Gebäude in einem Hain errichtet worden sei. Doch könnten die Bäume nicht auf dem *gigunu* selbst gewachsen sein? In diese Richtung weist besonders eine Stelle im Kodex Hammurapi, in welcher der König mit dem Beiwort gepriesen wird: „der das *gigunu* der Göttin Aja mit Grün bekleiden ließ". Man hat hier „Grün" mitunter im Sinn eines Vorhangs oder farbiger Ziegel interpretiert, doch ist das wenig plausibel, da das entspre-

Parkanlagen haben im Osten eine lange Tradition – „Paradiese" heißen sie bei den klassischen Autoren. Das assyrische Relief unten stammt aus dem 7. Jahrhundert v. Chr.

chende babylonische Substantiv sonst ausnahmslos Pflanzen meint.

Hammurapi ließ also das *gigunu* der Aja bepflanzen. Von dieser Interpretation ausgehend ließe sich vermuten, daß die *gigunu* genannten, terrassenförmigen Bauten in Mesopotamien seit alters begrünt waren und die Hängenden Gärten von Babylon in dieser Tradition standen: Das „*kummu* mit *gigunatim*" Nebukadnezars wäre dann ein Palastteil gewesen, der auf der höchsten Stufe mehrerer, aus gebrannten Ziegeln errichteter und bepflanzter Terrassenanlagen stand. Lediglich die Größe und Pracht der Anlage hätte dann – wie auch bei anderen Bauten Nebukadnezars – alles bisher Bekannte in den Schatten gestellt und die Hängenden Gärten in den Rang eines Weltwunders erhoben.

Die Zukunft Babylons

Wir haben das Auf und Ab der Geschichte Babylons über mehr als zwei Jahrtausende verfolgt und den Leser auf einen Rundgang durch die glanzvolle, sagenhafte Metropole des 6. Jahrhunderts geführt. Dies wurde möglich durch die Arbeit der Archäologen, die in Ödnis und Hitze das versunkene Babylon ausgruben und wiedererstehen ließen, sowie der Altorientalisten, welche in den Universitäten und Museen der ganzen Welt die Keilschrifttexte zu lesen verstehen und die Geschichte der Stadt rekonstruieren. Irakische Wissenschaftler hatten Teile Babylons restauriert und zu einer Besuchsstätte für Touristen gemacht. Babylon und mit ihm der ganze Alte Orient konnten so zum kulturellen Erbe der Menschheit werden – und zur „ersten Hälfte der Geschichte", wie man in Anlehnung an ein sehr schönes Buch von William W. Hallo sagen könnte („The Ancient Near Eastern Background of Some Modern Western Institutions". 1996); Hallo drückt damit aus, daß für ihn „Geschichte" erst mit dem Schreiben beginnt – alles andere ist Vorgeschichte –, weshalb im Alten Orient, einschließlich Ägyptens, die erste Hälfte der dokumentierten Geschichte der Menschheit zu verzeichnen sei. Die tragischen Ereignisse der letzten Jahre im Irak haben dieses Erbe aufs höchste gefährdet, ja zum Teil bereits vernichtet. Die Plünderung des Irak-Museums in Bagdad und noch mehr die systematischen, in riesigem Maßstab betriebenen Raubgrabungen in den ungeschützten, jeder Kontrolle entzogenen archäologischen Stätten im Irak haben unwiederbringlich zahllose Artefakte und Fundzusammenhänge zerstört. Hatte bereits Saddam Hussein durch die Anlage von Tiefgaragen und Restaurants tief in die antike Bausubstanz Babylons eingegriffen, so richtete ein amerikanisches und polnisches Militärlager, das von 2003 bis 2004 inmitten der Ausgrabungsstätte bestand, große und irreparable Schäden an (über die Schäden am kulturellen Erbe des Irak informiert die laufend aktualisierte Internetseite *www.iwa.univie. ac.at*). Dennoch gibt es noch außerordentlich viel in Babylon zu entdecken und zu bewahren, so daß die Stadt den Status eines UNESCO-Weltkulturerbes verdient hätte. Möge die Zukunft ihr den verdienten Frieden bringen!

Prof. Dr. Michael P. Streck
geb. 1965, ist Leiter des Altorientalischen Instituts an der Universität Leipzig. 2005 erschien von ihm der Band „Sprachen des Alten Orients".

Eine Metropole nur für Götter und Könige?

Gernot Wilhelm

Hattuscha: Die Hauptstadt einer vorderasiatischen Großmacht

„Hattuscha – Stadt der Götter und Tempel" ist der Titel eines Buches, das Peter Neve, 1978 bis 1993 leitender Ausgräber der Hauptstadt der Hethiter, über den Ort seiner jahrzehntelangen Tätigkeit veröffentlichte. Die Bezeichnung „Stadt" war ihm dabei so selbstverständlich wie bis in neueste Zeit fast allen, die über Hattuscha geschrieben haben.

Im 13. Jahrhundert v. Chr. bedeckte Hattuscha eine Fläche von 167,7 Hektar und war damit eine der größten ummauerten Siedlungen der damaligen Welt. Wohl jeder Besucher der hethitischen Hauptstadt ist von dem Blick auf die Ruinen der Stadt – des Großen Tempels, der Königsburg Büyükkale, der Oberstadt mit ihren zahlreichen Tempeln und der Stadtmauern mit ihren Toren – beeindruckt. Der von Jürgen Seeher (Grabungsleiter 1994 – 2005) veranlaßte Wiederaufbau eines 60 Meter langen Abschnitts der Mauern verstärkt diesen Eindruck. So wird der Besucher beim Eintritt in das Ruinengelände eingestimmt auf die Monumentalität und Ausdehnung der Stadtbefestigung.

Hattuscha liegt in Zentralanatolien, etwa 160 Kilometer Luftlinie östlich von Ankara, auf einer Höhe von 1025 bis 1242 Metern über dem Meeresspiegel. Als der erste europäische Besucher Hattuschas, der französische Reisende Charles Texier, sich 1834 hier aufhielt, sah er schon die gewaltigen Quader des Großen Tempels (den er allerdings für einen Palast hielt) – sie waren auch ohne Ausgrabung teilweise oberirdisch sichtbar.

Daß es sich bei den Ruinen um Reste einer bedeutenden Stadt handelte, war den frühen Besuchern selbstverständlich. Eigentlich suchte Texier nach Tavium, das der griechische Geograph Strabo als eine der drei umwallten Städte der Trokmoi (eines der zum Bund der Galater gehörenden keltischen Stämme, die im 3. Jahrhundert nach Inneranatolien einwanderten) erwähnt. Er entschied sich dann aber doch dafür, die Ruinen mit Pteria zu identifizieren: einer Stadt, die nach Herodot von dem Mederkönig Astyages erbaut und ein halbes Jahrhundert später (547) von dem Lyderkönig Kroisos wieder zerstört wurde. Ob die Ruinen bei Boğazköy mit Pteria oder Tavium zu identifizieren seien, beschäftigte die Wissenschaft bis in die 1880er Jahre. 1884 wurde etwa 20 Kilometer weiter südlich beim heutigen Büyüknefes ein besserer Kandidat für Tavium gefunden; für Pteria ist in jüngster Zeit – nicht ohne Widerspruch – eine Identifikation mit der riesigen eisenzeitlichen Stadtruine auf dem Kerkenes Dağı südöstlich von Yozgat vorgeschlagen worden.

Trotzdem wurde Hattuscha unlängst die Bezeichnung „Stadt" streitig gemacht. 1997 schrieb

Das Felsheiligtum von Yazılıkaya liegt an einem Berghang außerhalb des Stadtgebiets von Hattuscha. Das Relief (Detail) zeigt die zwölf Unterweltsgötter.

Luftaufnahme des Großen Tempels von Hattuscha. Der eigentliche Tempelbau (links im Bild) ist umgeben von einem Kranz von Magazingebäuden.

der Erlanger Geograph Eugen Wirth: „Die berühmten Ruinen von Hattusa oder von Persepolis waren keine Städte, sondern allenfalls spezialisierte Tempel- und Palastbezirke.“ Hinter dieser Aussage steht eine noch nicht abgeschlossene Diskussion um die Definition von „Stadt“. Wirth wendet sich gegen Definitionen, denen Merkmale wie Mauerring, Zentralfunktion einer Siedlung für ihr Umland, Großarchitektur/Tempel oder Fernhandel zugrunde liegen, da diese Merkmale (die alle auf Hattuscha zutreffen) auch bei nicht-städtischen Siedlungen zu finden seien. Wirth folgt hier Max Weber, dessen Stadt-Definition vor allem auf die Funktion als wirtschaftliches Zentrum abhebt. Eine andere Auffassung vertritt der Oxforder Assyriologe Marc van de Mieroop, der die Stadt des Altertums als *consumer city* in einen Gegensatz zur *producer city* des Mittelalters stellt: Die städtische Bevölkerung verbrauche die Produktion des Landes, welches sie selbst besitze oder welches den in der Stadt gelegenen „öffentlichen Institutionen“, den Tempeln und Palästen, gehöre. Ihrerseits liefere die Stadt dem Land Bedingungen für eine raschere Entwicklung der Agrarproduktion, etwa durch die Organisation von Verteilung und Austausch, durch die Spezialisierung der Nahrungsmittelproduzenten und die Bereitstellung von Krediten; Handel und Handwerk seien demgegenüber zweitrangig für die Funktion der antiken Stadt.

Zu beiden Auffassungen steht die hethitische Eigenbegrifflichkeit in einem gewissen Gegensatz: Das hethitische Wort für Stadt ist *happir(ij)a*, das von *happa/ir* (Handel, Geschäft, Zahlung, Preis) abgeleitet ist. Dies heißt zwar nicht, daß hethitische Städte stets primär als Handelszentren fungierten, wohl aber doch, daß sie in jener Frühzeit, in der dieser Siedlungsterminus geprägt wurde, eine besondere Funktion im Warenaustausch besaßen.

Die Anfänge Hattuschas gehen auf das ausgehende 3. Jahrtausend v. Chr. zurück. Im 19. und 18. Jahrhundert war die Stadt in das anatolische Fernhandelssystem einbezogen, das assyrische Kaufleute in Abstimmung mit den einheimisch-anatolischen Herrschern aufgebaut hatten. Nach verbreiteter Annahme wurde im Land Hatti zu dieser Zeit noch nicht das zur indogermanischen Sprachenfamilie gehörige Hethitische gesprochen, sondern das Hattische, das mit keiner anderen bekannten Sprache nachweislich verwandt ist und später von den Hethitern als Ritualsprache tradiert wurde.

Die assyrischen Händler hatten ihr Zentrum in der beim heutigen Kayseri in Kappadokien gelegenen Stadt Kanisch, unterhielten aber in einer Reihe weiterer Städte Niederlassungen. Eine solche Händleransiedlung (*karum*) gab es auch am nördlichen

Stadtrand von Hattuscha, das in dieser frühen Zeit noch Hattusch hieß. Dort konnten die Ausgräber einige Gebäude freilegen, wobei auch Briefe und Geschäftsurkunden eines assyrischen Kaufmanns namens Daja entdeckt wurden.

Hattusch war die Residenz von Königen, die auch das Umland beherrschten. Die Dynastie nahm teil an dem Konkurrenzkampf der anatolischen Stadtfürsten um Machtgewinn und Vorherrschaft und ging dabei schließlich unter. Die Stadt wurde vollkommen zerstört, aber die Erinnerung an diese Ereignisse blieb erhalten: Keilschrifttafeln in den Archiven der zum Zentrum einer vorderasiatischen Großmacht herangewachsenen Stadt Hattuscha berichten noch vier Jahrhunderte später, wie der König Anitta von Kanisch einst Hattuscha eroberte und zerstörte: „Als sie [die Stadt Hattuscha] später aber Hunger litt, lieferte sie mein [Gott] Sius der Throngöttin Halmaschuits aus, und in der Nacht nahm ich sie mit Gewalt, an ihrer Stelle aber säte ich Unkraut. – Wer nach mir König wird und Hattuscha wieder besiedelt, den soll der Wettergott des Himmels treffen!“

Dies war nicht die erste Brandkatastrophe der Stadt (im 19. Jahrhundert war sie schon einmal dem Feuer zum Opfer gefallen) und auch nicht die letzte. Anittas Fluch verhinderte jedenfalls nicht, daß die Stadt wiederaufgebaut und im 16. Jahrhundert sogar wieder Königsresidenz wurde.

Gunst und Ungunst des Standorts

Grund für das Wiederaufblühen nach Katastrophen war der günstige Standort der Stadt. Ihr Zentrum ist ein auf drei Seiten steil abfallendes Felsplateau, das sich als schwer einnehmbare Zitadelle anbot und im 13. Jahrhundert vollständig von Palastbauten bedeckt war. Zwei Bäche, die im südlich von Hattuscha gelegenen Gebirge entspringen, vereinigen sich unmittelbar nordwestlich des Stadtgebiets zum Budaközü Çay. Dieser fließt in nördlicher Richtung durch eine ausgedehnte Talaue ab, die sich hervorragend zum Getreideanbau eignet. Nordwestlich der Zitadelle erstreckte sich das zunächst steil, dann sanfter abfallende Stadtgebiet, das im Osten von der Schlucht des Büyükkaya Deresi geschützt wird. Der Standort hatte also den Vorteil naturgegebener Sicherheit, eines ganzjährigen Wasserangebots und nahe gelegener Getreideanbaugebiete.

Allerdings standen dem Nachteile gegenüber, die deutlich wurden, als von hier aus ein Imperium kontrolliert wurde, das den größten Teil Anatoliens umfaßte und bis Mittelsyrien reichte. Die Stadt war von den natürlichen Gegebenheiten her nach Norden, Nordosten und Nordwesten orientiert, nach Süden war sie durch einen – teilweise noch heute bewaldeten – Gebirgszug abgeschlossen. Nachdem gegen Ende des 15. Jahrhunderts die Kontrolle über Nordanatolien weithin verlorenging, geriet Hattuscha in eine extreme Randlage. In der ersten Hälfte des 14. Jahrhunderts wurde die Stadt sogar von den nordanatolischen Kaschkäern weitgehend zerstört, wenn man einer etwa 100 Jahre jüngeren – wohl etwas dramatisierenden – Darstellung glauben darf. König Muwattalli II. zog um 1280 eine radikale Konsequenz und verlegte den Hof mitsamt dem Staats- und Ahnenkult in eine neue, weiter südlich gelegene Hauptstadt, in das bis heute nicht wiederentdeckte, vielleicht im Großraum von Karaman zu suchende Tarchuntascha. Freilich war die Tradition stärker, und nach seinem Tod wurde die Residenz nach Hattuscha zurückverlegt.

Auf dem von den Türken Büyükkale (= große Burg) genannten Felsmassiv standen maximal 260 mal 150 Meter für die Bebauung zur Verfügung – keine sehr große Fläche für die Zentrale eines Großreichs. Schon in der Zeit der assyrischen Handelskolonien wurde Büyükkale ummauert. Von dieser Bebauung sind kaum Reste erhalten. Während der älteren Phasen der hethitischen Geschichte nutzte man wohl nur den höher gelegenen, nordöstlichen Teil des Burgbergs als Herrscherresidenz, während der südwestliche anscheinend Wohnhäuser und Kultgebäude trug. In einem wurden zwei Gefäße in Gestalt von gezäumten, also als Zugtiere dargestellten Stieren gefunden; Stiere ziehen den Wagen des

Vor allem in der Königsburg und in einem Verwaltungsgebäude („Westbau“) wurden neben zahlreichen Tafeln mit Keilschrift auch viele Königssiegel gefunden. Hier ein Siegelabdruck von Schuppiluliuma I.

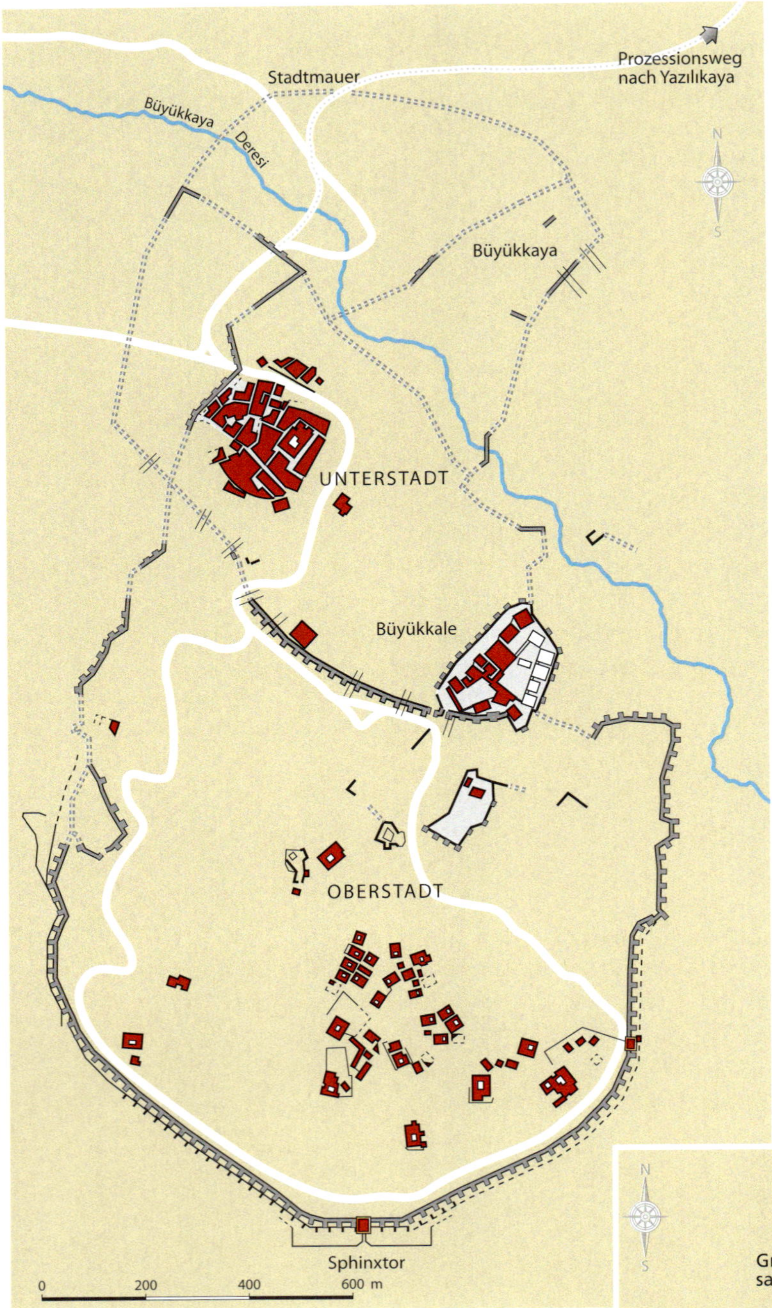

Gesamtanlage ist kein Palast im Sinn eines geschlossenen Baukörpers mit Innenhöfen, um die sich die Wohn-, Versammlungs- und Verwaltungsräume gruppieren, wie dies bei den Palastanlagen Mesopotamiens und Syriens der Fall ist; einen solchen Palast gab es auch in Kanisch in der Zeit der assyrischen Handelskolonien, aber diese Tradition setzt sich in Hattuscha nicht fort. Der dortige Palast besteht vielmehr aus zahlreichen freistehenden Gebäuden, die zu den Höfen hin teilweise durch Pfeilerhallen verbunden waren.

Vom Aufbau der Gebäude ist meist nichts erhalten, die Grundrisse müssen im wesentlichen aus den Fundamenten und Kellergeschossen ermittelt werden. Dennoch ergibt sich ein gutes Bild von der Gliederung der Anlage: Hatte man das Tor im Südwesten durchschritten oder durchfahren, gelangte man in einen Vorhof (Burgtorhof) und von dort in den unteren Burghof. Dieser bot ein eindrucksvolles Bild, war er doch links und rechts in voller Länge von vorn offenen Hallen gesäumt, deren Pfeiler auf Löwenfiguren ruhten. An seinem anderen Ende gelangte man links in ein Gebäude mit einem zentralen Wasserbecken, das offenkundig kultische Funktion hatte; ging man geradeaus, trat man durch eine Pforte in das Untergeschoß der großen Versammlungshalle ein.

Hatte man die Genehmigung, sich in den inneren Bereich des Palasts zu begeben, schritt man durch eine Toranlage mit Torkammer, Vor- und Ne-

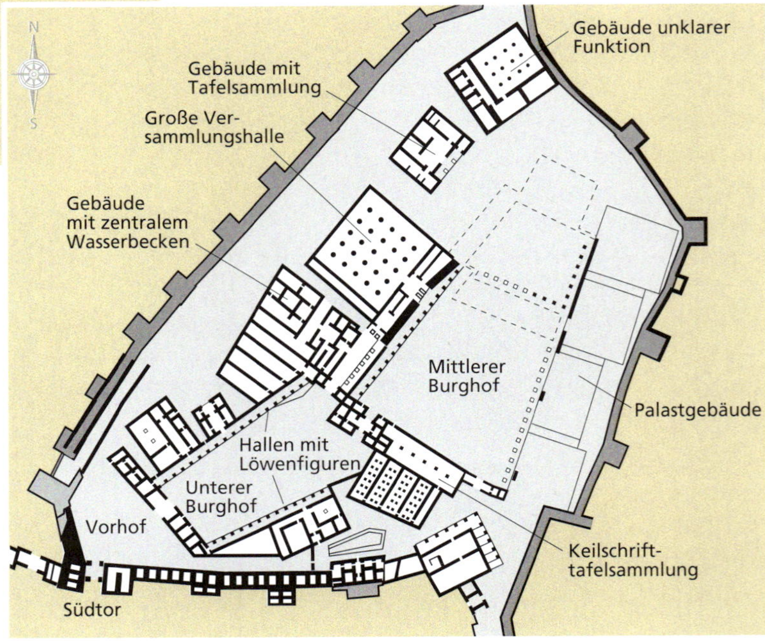

Gesamtansicht von Hattuscha (oben) und Plan der Großen Burg (Büyükkale) von Hattuscha (rechts).

Gewittergotts, und dieser Gott selbst kann nach Abbildungen von Kultszenen sowie nach einem literarischen Zeugnis in der Gestalt eines Stiers erscheinen.

Später wurde der gesamte Burgberg zur königlichen Residenz erweitert; ältere Anlagen behielt man teilweise bei. Die

benräumen in den mittleren Burghof. Unmittelbar rechter Hand befand sich ein großes Gebäude, in dem die größte Keilschrifttafelsammlung des Palastbereichs aufbewahrt wurde. Hier waren, so dürfen wir vermuten, Schreiber tätig, die nach Diktat des Oberschreibers oder nach älteren Vorlagen Texte unterschiedlichster Gattungen – Rituale für die vielfältigen Kultfeste, Beschwörungsrituale für Unglücksfälle aller Art, Mythen und Gebete, aber auch Staatsverträge, Annalen, Instruktionen und anderes mehr – niederschrieben. Um den Überblick nicht zu verlieren, wurden auch Tafelkataloge zusammengestellt; leider sind diese nicht in wünschenswertem Umfang erhalten.

Überquerte man den mittleren Burghof, sah man links die schon erwähnte große Versammlungshalle und rechts das eigentliche Palastgebäude. Von diesem sind heute nur noch Spuren in dem – als Unterbau der Palastmauer behauenen – Fels und Bohrlöcher erhalten, denn an dieser Stelle wurde lange nach dem Ende von Hattuscha, in der jüngerphrygischen Zeit (6. Jahrhundert), ein Palast errichtet, bei dessen Bau hethitische Quader wiederverwendet wurden. Ganz am Ende, wo der Burgberg steil in die Schlucht abfällt, stand links ein großes Gebäude unklarer Funktion, daneben ein kleineres, in dem ursprünglich eine Tafelsammlung untergebracht war. Zu dieser gehörte auch ein Exemplar des Friedens- und Freundschaftsvertrags, den der hethitische Großkönig Hattuschili III. 1259 mit Pharao Ramses II. abgeschlossen hatte. Bei der Zerstörung des Gebäudes fielen die Tontafeln großenteils hangabwärts – und ebendort setzten 1906 der deutsche Assyriologe Hugo Winckler und der türkische Museumsbeamte Theodor Makridi den Spaten an und entdeckten sofort zahlreiche Tontafeln.

Das Löwentor mit seinen eindrucksvollen Torskulpturen entstand wohl in der Mitte der Großreichszeit im Rahmen des repräsentativen Ausbaus der Hauptstadt.

Wozu diese vielen Tempel?

In der Zeit der altassyrischen Handelskolonien hatte Hattusch so sehr prosperiert, daß sich die Stadt weit nach Nordwesten ausdehnte. In der jüngeren Großreichszeit (zweite Hälfte des 13. Jahrhunderts) stand dann hier der Tempel der Sonnengöttin von Arinna und des Gewittergotts von Hatti, des höchsten Götterpaares des hethitischen Pantheons. Von ihm ist noch heute der Quadersockel mit Bohrlöchern erhalten, in denen das Fachwerk des aufgehenden Mauerwerks verankert war. Von den Dimensionen her (etwa 65 mal 42 Meter) ist er zwar flächenmäßig nicht der größte Tempel, zusammen mit dem ihn umgebenden Kranz von Magazingebäuden aber doch der gewaltigste geschlossene Kultkomplex des hethitischen Reiches. Der Besuch des Großen Tempels (von Archäologen nüchterner auch Tempel I genannt) ist heute noch ein Höhepunkt der Stadtbesichtigung.

Durch ein im Südwesten gelegenes Torgebäude trat man in einen Innenhof, der von Raumreihen umgeben war. Im Nordosten gelangte man durch

Vorräume in das Allerheiligste, dessen Sockel nicht – wie die meisten übrigen Bauteile – aus Kalkstein, sondern aus Granit war. In der Cella (dem Hauptraum des Tempels) an der Nordostseite steht noch heute die Basis für ein Götterbild. Die Wand dahinter war links und rechts davon von zwei Fenstern durchbrochen, zwei weitere Fenster befanden sich an den Längsseiten. Nur von der Cella aus konnte man einen Nebenraum betreten, der mit einem weiteren Raum verbunden war: wohl das in den Kultritualen öfter erwähnte *tunakeschar* oder Innengemach, gewissermaßen das Schlaf-, Bade- und Ankleidezimmer der Gottheit. Von dem Götterbild selbst hat sich – wie in allen anderen Tempeln auch – keine Spur erhalten. Dies verwundert nicht, da es entweder aus wertvollem und/oder aus vergänglichem Material gefertigt war. Ein Ritual, in dem von der Herstellung eines Götterbildes die Rede ist, schreibt vor, daß für die Statue selbst Gold zu nehmen sei, für Schmuck und Gerätschaften solle man verschiedene edle Steine, gleichfalls Gold, aber auch Silber, Bronze, Eisen, Elfenbein und bestimmte Hölzer verwenden.

Kleinere, aber in der Raumorganisation oft sehr ähnliche Tempel liegen auch in der sogenannten Oberstadt im Süden. Die größten sind meist am Anfang des 20. Jahrhunderts erforscht und dokumentiert worden, allerdings haben Nachgrabungen in den 80er Jahren noch wichtige neue Funde und Befunde erbracht. Vor allem wurde durch großflächige Grabungen deutlich, daß hier ein ausgedehntes Tempelviertel lag; zu den vier bereits seit langem bekannten Tempeln kamen weitere 24 Gebäude, die der Ausgräber ebenfalls als Tempel ansprach.

Wozu diese vielen Tempel? Wir wissen es nicht. Der hethitische Götterhimmel war groß, und nicht zufällig sprechen die Hethiter selbst von den 1000 Göttern des Hatti-Landes. Leider sind in den Tempeln kaum Schrifttafeln gefunden worden, so daß wir nicht wissen, welche Götter hier verehrt wurden. Man hat vermutet, daß die Vielzahl der Tempel die Reisen ersetzen sollte, die der Großkönig bei Kultfesten absolvierte und bei denen er die verschiedenen Kultstädte im Hatti-Land aufsuchte. Diese Hypothese hängt mit der Datierung der Oberstadt zusammen. Der Ausgräber Peter Neve ist der Meinung, daß sie auf den drittletzten der in Hattuscha residierenden Großkönige, Tutchalija IV., zurückgeht. Von ihm wurden tatsächlich Stelen in der Oberstadt gefunden. Man weiß, daß Tutchalija eine Kultreform in Gang setzte, und Peter Neve meint, in diesem Zusammenhang sei eine Kultkonzentration erfolgt, die ihren Ausdruck im Tempelviertel der Oberstadt gefunden habe. Dort sind aber auch deutlich ältere Zeugnisse zutage getreten, so Tontafeln in mittelhethitischem Duktus und Siegelabdrücke Murschilis II.; auch neuere Keramikuntersuchungen haben jüngst zu der Auffassung geführt, daß das Gebiet der Oberstadt bereits in althethitischer Zeit zumindest teilweise bebaut war.

Büyükkale war schon in der Zeit der assyrischen Handelskolonie ummauert worden, die Unterstadt dann im 16. Jahrhundert (diese Leistung nahm anscheinend der althethitische König Hantili I. für sich in Anspruch). Die Mauer bestand auch später noch, als ein viel größeres Gebiet im Westen und Süden ummauert und sie dadurch zu einer Binnenmauer wurde. Bis zum Ende der Stadt war die Struktur der Stadtmauer immer dieselbe: Auf einen Erdwall wurde ein Mauersockel aus unregelmäßigen Quadern gesetzt, der aus einer Innenmauer und einer etwas stärkeren Außenmauer bestand. Innen- und Außenmauer wurden in unregelmäßigen Abständen durch „Riegel" verbunden. Dadurch ergibt sich im Grundriß der Eindruck einer Reihe von Kästen, weshalb man auch von einer Kastenmauer spricht. Die „Kästen" wurden mit Steinen und Erde verfüllt; auf diesem Sockel errichtete man eine

Der hethitische Götterhimmel war groß; von über 1000 Göttern sprechen die Hethiter selbst. Die Stele trägt das Relief einer hethitischen Gottheit aus dem 14./13. Jahrhundert v. Chr.

Lehmziegelmauer mit Fachwerkversteifung. In Abständen von etwa 30 Metern wurde die Mauer durch etwa vier Meter vorspringende Türme verstärkt und gesichert.

Die älteste Stadtmauer, die von der Mauer der Königsburg ausgehend bis in das Gebiet des Großen Tempels läuft, wird als Poternenmauer bezeichnet, da sie sechs Poternen (gemauerte Durchgänge im Erdwall unter der Mauer) besitzt. Solche Poternen gibt es auch unter der Ummauerung von Büyükkaya im Nordosten der Stadt; die längste verläuft unter dem Wall, der die Stadt nach Süden hin abschließt, tief unter dem Tor, das nach den Torplastiken als Sphinxtor bezeichnet wird. Der Zweck dieser Poternen ist noch nicht mit Sicherheit bestimmt worden.

Unter Einschluß der Binnenmauern besaß Hattuscha am Ende seiner Existenz Mauern von etwa neun Kilometern Länge. Wenn man bedenkt, daß für das 60 Meter lange Teilstück, das Jürgen Seeher rekonstruieren ließ, mehr als 50 000 Ziegel hergestellt werden mußten, kann man ermessen, welchen Aufwand die Ummauerung, aber auch ihre stete Pflege und Ausbesserung bedeutete. Ein großes Problem ist die Datierung. Es ist nicht gelungen, die Mauern aufgrund von Quadergrößen, Fugenschnitt oder Material zu datieren, zumal mit ständigen Erneuerungen gerechnet werden muß. So ist bis heute unklar, wann der am besten erhaltene Mauerabschnitt im Süden der Oberstadt zuerst errichtet wurde. Er umschließt bogenförmig das Tempelviertel der Oberstadt; der Wall, auf dem die Mauer verläuft, ist im südlichsten Bereich (beim Sphinxtor) am stärksten überhöht und zu einer eindrucksvollen gepflasterten Bastion ausgebaut, auf die an den Rändern der Außenseite Treppen hinaufführen. Hier erreicht das Stadtgebiet mit 1242 Metern seinen höchsten Punkt.

Die Ruinen von Hattuscha – hier die Fundamente der Unterstadt – lassen die Bedeutung dieser hethitischen Metropole erkennen.

Auch wenn die Außentreppen den Eindruck erwecken, es gehe hier mehr um eine Prozessions- als eine Verteidigungsanlage, war doch die Sicherung der Oberstadt nach Süden ursprünglich ein Problem, denn das Terrain steigt hier weiter an, ohne daß eine natürliche Barriere Schutz geboten hätte. Ebenso deutet die Tatsache, daß der Hauptmauer eine niedrigere Vormauer vorgelagert war (mit zur Hauptmauer versetzten Türmen), auf fortifikatorische Absichten. Vielleicht entstand die repräsentative Ausgestaltung der Bastion in einer Zeit, als für die Hauptstadt keine Bedrohung abzusehen war, also am ehesten in der Mitte der Großreichszeit. Im Zuge dieser Baumaßnahmen erhielten wohl auch das nordöstlich bzw. nordwestlich der Bastion gelegene Königs- bzw. Löwentor die abschließende Gestaltung mit eindrucksvollen Torskulpturen.

Der bei weitem größte Teil des bis jetzt ausgegrabenen Stadtgebiets wurde für Tempel, Palastbauten, Verwaltungs- und Magazingebäude, Wasserreservoirs und Getreidespeicher genutzt. Manche zu erwartende Anlagen wie Pferdeställe sind noch nicht entdeckt bzw. identifiziert. Nur am nördlichen Stadtrand wurde eine dichte Wohnbebauung festgestellt. Zur Unterhaltung, Versorgung und Bewachung des Hofes, der Tempel, der Stadttore und sonstiger Anlagen war sicherlich viel Dienstpersonal nötig, und man darf vermuten, daß die Bevölkerung intra muros weitgehend aus ebendiesem bestand. Ein großer Teil der Bevölkerung aber lebte außerhalb der Stadt in kleinen Dörfern oder Gehöften, wie sie bei einem Umland-Survey vor einigen Jahren festgestellt wurden. Insofern ist die Stadt sicherlich mit Wirths Charakterisierung als spezialisiertem Tempel- und Palastbezirk nicht falsch beschrieben.

Eine offene Frage besteht noch darin, wo die Bewohner der Stadt, die Herrscher und ihre Familie eingeschlossen, bestattet wurden. Nach den Vorstellungen der Hethiter hatte dies außerhalb der Stadt zu geschehen, aber von einigen wenigen Brand- und Erdbestattungen abgesehen wurden bisher keine Friedhöfe entdeckt. Ein Ort des Totenkults für den verstorbenen König Tutchalija IV. liegt etwa zwei Kilometer nordöstlich von Hattuscha in einer Felsgruppe, die der Volksmund als *Yazılıkaya* (beschriebener Fels) bezeichnet hat. Sie bildet mehrere Kammern, in denen teilweise die Wände abgearbeitet und mit Reliefs versehen wurden. In den beiden reliefierten Kammern gibt es Darstellungen des Königs. In der Kammer A sind vor allem zahlreiche Götter abgebildet, die hier sicherlich Opfer erhielten, in der Kammer B stand ursprünglich eine Statue Tutchalijas. In der anschließenden Kammer C war Asche deponiert worden – wahrscheinlich die, die bei den Totenopfern für den König zurückblieb.

Ein Ende mit Schrecken?

Nicht lange nach 1200 brach das Hethiterreich zusammen. Dem herkömmlichen Geschichtsbild zufolge waren es äußere Feinde, die Hattuscha eroberten und zerstörten, da an den Palastbauten, am Großen Tempel, an Sphinxtor und nahe gelegenen Tempeln starke Brandspuren festgestellt wurden. Andererseits sind andere Tempel und insbesondere die Wohnbebauung im Norden der Stadt unverbrannt verfallen. Überall fällt die Fundleere auf; es scheint, als seien die Gebäude systematisch ihres Inventars entleert worden. Nach einer von Jürgen Seeher vertretenen aktuellen Hypothese ist der Befund folgendermaßen zu interpretieren: Der Hof und mit ihm die Funktionseliten und ihre Bediensteten verließen die alte Hauptstadt mit allem, was wertvoll oder nützlich schien. Die für die verbliebene Bevölkerung viel zu große Stadt verfiel, und was an entleerten öffentlichen Gebäuden übrigblieb, ging schließlich aus unbekannten Gründen und zu einem unbekannten Zeitpunkt in Flammen auf.

Neuerdings sind Spuren einer ganz bescheidenen Nachbesiedlung festgestellt worden. Das Wissen, daß hier eine Hauptstadt erstrangiger Bedeutung und das Zentrum des hethitischen Großreichs lag, wird sich in den darauffolgenden Generationen bald verloren haben, und die spätere Besiedlung der phrygischen Zeit ist durch keine Traditionslinie mit Hattuscha verknüpft.

Prof. Dr. Gernot Wilhelm
geb. 1945, lehrt Altorientalistik an der Universität Würzburg; er leitet die Kommission für den Alten Orient an der Akademie der Wissenschaften und der Literatur in Mainz, deren Vizepräsident er seit 2006 ist.

Das achte Weltwunder der Antike

Josef Wiesehöfer

Persepolis: Die Schöpfung der achämenidischen Großkönige

In der Antike nannte man sie die „Metropolis" der Perser: Sie war nicht nur Verwaltungs- und Wirtschaftszentrum, sondern auch die prestigeträchtigste der königlichen Residenzen. Der Glanz und der Luxus von Persepolis strahlten weit über die Reichsgrenzen hinaus; Handwerker und Werkstoffe aus zahlreichen Regionen waren an seinem Bau beteiligt. Das Ende dieser Pracht verfügte Alexander: Große Teile von Persepolis brannten nieder.

„Ist ein alt, verfallen Schloß. Das *Fundement* aber stehet noch, welches 10 Klaftern oder Faden hog von ser schönen, großen Quaderstein, daruntter welche von 4 Faden langk, vom Grunde aufgemauret vnd erhöhet ist. Es gehen 4 flache Stiegen, auch auß große Stein gehauwen, hiennauf, das man zu Fuß muß hinnauf gehen. Vorerst siehet man daroben nicht weit von der Stigen 4 Stücker Mauren, scheind, alß wanß 2 Pforten seind gewehsen. In den ersten beyden Mauren sein in Stein gehauwen 2 sehr großer Pferde mitt wunderlichem Zeuche vnd Settelen gezieret. In dem andern Dohre stehen gehauwen auch 2 großer Tier, wie Pferde, aber [mit] Flügeln, die Köpfe alß Leyen vnd gekrönet. Hiervon nicht weit zu Rechten stehen noch 19 hoher Seulen. Eß ist aber noch zu erkennen, das über 30 Seullen aldar gestanden haben ...

Die *Persianer* sagen, es haben 10 Könige auf diesem Schloße *residirt*. Den ersten nennen sie *Iembtschy* [Dschamschid] *Patschach*, den andern Patsch [Patschach] *Salemon* [Sulaiman/Salomon]. Die seind die bey[den] vornembsten gewesen. Etzliche sagen, König *Salemon* hab es bauwen laßen, andere sagen, K. *Doris* [Dareios/Darius] hab es gebautt. Die Patres *Carmellitani* zu *Schyras* haben mich aber vor gewiß berichtet, das *Alexander Manchnus* [Alexander der Große] es habe gebaut."

So schreibt Johan Albrecht von Mandelslo aus Schöneberg (Stift Ratzeburg) in seinem Tagebuch über die berühmteste Residenzstadt der Könige aus der Dynastie der Achämeniden, der zur Gesandtschaft des Herzogs Friedrich III. von Schleswig-Holstein-Gottorf an den Hof der persischen Safawidenkönige in Isfahan gehörte und im Januar 1638 Persepolis besuchte. Genauer: Es ist der – nach Mandelslos frühem Tod – von Adam Olearius, dem berühmten Gottorfer Gesandtschaftssekretär, 1658 in gänzlich überarbeiteter Form edierte Bericht, denn Olearius bettete die nüchternen Notizen in ein Ganzes barocker polyhistorischer Gelehrsamkeit, erbaulicher Schilderung, persönlicher Kommentierung und moralischer Unterweisung ein.

Das Zitat führt uns in die Frühgeschichte der Wiederentdeckung des alten Iran durch europäische Reisende, beleuchtet zudem schlaglichtartig, wie Perser damals ihre eigene frühe Geschichte sahen, und stellt zugleich die Frage nach dem Erbauer und der Funktion der Ruinenstätte. Im folgenden wollen

Die königliche Leibgarde, einheitlich gekleidet und bewaffnet mit langen Speeren, auf der Treppe zum Audienzsaal in Persepolis (Detail).

wir auf Mandelslos Spuren wandeln, uns über den Namen des Platzes, seine Lage, Umgebung und Geschichte unterrichten lassen.

Namen und Lage des Orts

Wenn wir von Persepolis (der „Perserstadt") sprechen, so benutzen wir die gebräuchlichste griechische und lateinische Bezeichnung. Die Perser der achämenidischen Zeit (550 – 330 v. Chr.) selbst nannten sie, wie die Region, aus der sie stammten, Parsa. In ihren elamischen und aramäischen Urkunden ist die Terrassenanlage wegen ihrer starken Befestigung auch als „die Festung" oder „die Zitadelle" bekannt. Die zweifache Bedeutung von „Parsa" macht es nicht immer leicht zu entscheiden, ob in den Quellen von der Landschaft (griechisch: Persis) oder ihrem Hauptort die Rede ist. Anders als in den klassischen Zeugnissen bezeichnet Parsa nur den Palastkomplex auf der Terrasse; die dazugehörende große Siedlung Matezzisch (so der elamische Name) lag wohl westlich der Terrasse beim heutigen Ort Firuzi.

Wie weit die Macht der persischen Großkönige reichte, sollten die Reliefs an den Wangen der Treppe zeigen, die zum Audienzsaal (Apadana) führt. Insgesamt 23 Völker sind in landesüblicher Tracht und mit typischen Geschenken aus ihrer Region abgebildet. Auf dem Relief sind oben Skythen mit einem Pferd und Stoffwaren zu sehen, darunter Ionier ebenfalls mit Textilien und mit Töpferware.

In der europäischen Überlieferung blieb der Palastkomplex dank der Alexander-Historiker als Persepolis bekannt, nur sein genauer Ort war lange unbekannt; der ursprüngliche einheimische Name wurde dagegen schon in der Antike vergessen. In der Sasanidenzeit (3. – 7. Jahrhundert), deren Könige ebenfalls aus der Persis stammten, war er als Sat Setun, „[Platz der] 100 Säulen", bekannt, die nachsasanidischen Quellen sprechen von ihm als Hazar Minar, „[Platz der] 1000 Minarette", Tschihil Minar, „[Platz der] 40 Minarette", Tacht-i Sulaiman („Thron Salomons") oder Tacht-i Dschamschid („Thron des Dschamschid") – wie die Iraner die Stätte heute noch nennen.

Persepolis liegt am östlichen Rand der Marvdascht-Ebene in der heutigen iranischen Provinz Fars (Südwestiran). Hier ließ gegen Ende des 6. Jahrhunderts v. Chr. der Achämenide Dareios I. die große Terrasse anlegen, auf der dann unter ihm und seinen Nachfolgern verschiedenste Gebäude errichtet wurden. Von der Nordost- bis zur Südostecke wird die Anlage von einer Befestigungsmauer geschützt, im Osten übernimmt der Schah Kuh („Königsberg") diese Funktion. In den Berg sind zwei Königsgräber eingehauen (für Artaxerxes II., 404 – 359 v. Chr., und Artaxerxes III., 359 – 338? v. Chr.).

300 Meter nördlich der Terrassenanlage befindet sich der sogenannte Frataraka-Komplex mit zwei ergrabenen Gebäuden. Möglicherweise bereits in achämenidischer Zeit begonnen, scheint er, wie die Reliefs eines nachachämenidischen Dynasten und seiner Gemahlin belegen, seine Hauptfunktion erst in hellenistischer Zeit ausgeübt zu haben; zu Beginn des 2. Jahrhunderts v. Chr. verwalteten von hier aus in seleukidischem Auftrag die „Frataraka" die Persis, bis sie sich dann unmittelbar vor der Ankunft der Parther in diesem Raum (140 v. Chr.) vorübergehend unabhängig machen konnten.

Ungefähr sechs Kilometer nördlich von Persepolis liegt die Felswand von Naqsch-i Rustam („Bild des Rustam"), in der sich die kreuzförmigen Felsgräber Dareios' I. und vermutlich Xerxes' I. (486 – 465), Artaxerxes' I. (465 – 424) und Dareios' II. (423 – 404) befinden. Unterhalb dieser Gräber, aber auch an anderen Stellen der Felswand haben sich elamische Dynasten und Sasanidenkönige mit ihren Investitur- oder Triumphreliefs verewigt; ganz offensichtlich sahen letztere den Platz als eine Art heiligen Ort an, an dem sie ihrer „Urahnen", wie sie im Tatenbericht Schabuhrs I. (241 – 272) genannt werden, gedachten. Ob sie damit die Gräber ihren namentlich nicht mehr bekannten historischen Vorgängern zuwiesen oder aber den Königen der mythischen Tradition Irans, ist in der Forschung umstritten. Vor der Felswand steht die berühmte Kaba-i Zarduscht

Blick auf den Hundertsäulensaal (im Vordergrund) und den Audienzsaal (Apadana), der einst rund 10 000 Menschen Platz bot.

(„der Würfel Zarathustras"); die Funktion dieses achämenidenzeitlichen Gebäudes (Aufbewahrungsort der königlichen Herrschaftszeichen?) ist umstritten, jedenfalls ließ Schabuhr I. hier den erwähnten Bericht über seine Erfolge im Kampf mit Rom und über die Gesellschaft bei Hof anbringen.

Zwischen Naqsch-i Rustam und Persepolis gibt es Überreste eines offensichtlich unvollendet gebliebenen Monuments, das man Tacht-i Rustam („Thron Rustams") nennt; meist wird es als geplante Nachbildung des Grabes des persischen Reichsgründers Kyros (um 559 – 530 v. Chr.) aus Pasargadai gedeutet, zuweilen dessen Sohn und Nachfolger Kambyses oder der frühen Herrschaft Dareios' I. zugewiesen. Auch die nahebei gelegenen Reste einer Säulenhalle mit Portikus (Säulen-Vorbau an der Haupteingangsseite) stammen wohl aus vorpersepolitanischer Zeit. Archäologische Surveys in den 1970er und 80er Jahren konnten zudem intensive Besiedlungsspuren ungefähr vier Kilometer westlich der Terrasse sowie Baureste in der unmittelbaren Umgebung von Persepolis nachweisen, die vor bzw. zeitgleich mit den Gebäuden auf der Terrasse entstanden sein müssen.

Der Großteil der Steine, die in Persepolis Verwendung fanden, stammte aus Steinbrüchen, die bei der Umbildung des natürlichen Hügels, auf dem sich die Terrasse befindet, entstanden. Weitere zeitgenössische Steinbrüche gab es an der Nordost- und der Nordwestecke der Terrasse sowie im Süden in der Nähe des sogenannten Unvollendeten Grabes, dessen Datierung umstritten ist. Xerxes ließ zudem, etwa zum Bau seines Wohnpalasts, qualitätvollere Steine aus dem 40 Kilometer entfernten Steinbruch von Madschdabad herbeischaffen. In einem Steinbruch nahe der nordöstlichen Ecke der Terrasse fand man fünf griechische Graffiti aus dem späten 6. oder frühen 5. Jahrhundert, die möglicherweise von griechischen Arbeitern oder Auftragnehmern hinterlassen wurden.

Ein Rundgang über die Terrasse

Unternehmen wir nun einen kurzen Rundgang durch Persepolis, um einen Eindruck von der Ausdruckskraft und Monumentalität der Anlage zu erhalten. Werfen Sie dazu einen Blick auf unseren Plan. Am Fuß des Schah Kuh erstreckt sich die weite Palastterrasse (450 mal 300 Meter) durchschnittlich zwölf Meter hoch über der Ebene. Die Fassade

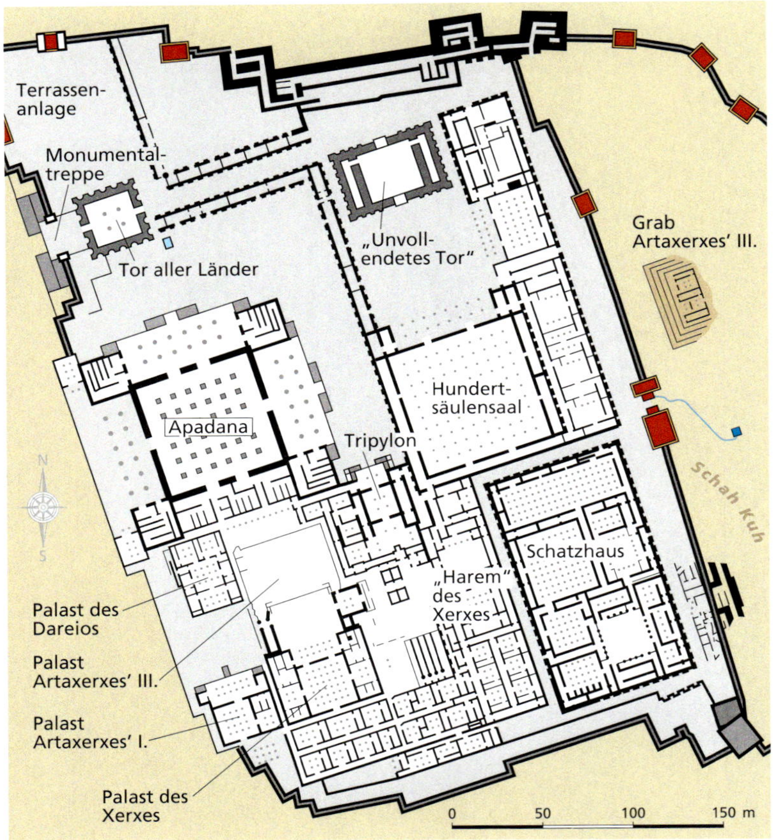

besteht aus großen, unregelmäßig geformten Kalksteinblöcken, die, ohne Mörtel (in Zyklopentechnik) mit größter Genauigkeit zusammengefügt, den Eindruck außergewöhnlicher architektonischer Leistung noch verstärken. Ein ausgefeiltes Drainagesystem sorgte für die Be- und Entwässerung der Terrassenplattform. Ursprünglich von Süden her betretbar, versah Xerxes die Anlage mit einer zweiläufigen Monumentaltreppe nahe der Nordwestecke; sie endet vor dem „Tor aller Länder“, das den eigentlichen Zugang zu den Gebäuden auf der Terrasse gewährt. Die gewaltigen Mischwesen (Stiere und geflügelte Stiermenschen), die die Tore schützen und Übel abweisen sollen, sind an den Vorbildern des assyrischen Sanherib-Palasts in Ninive orientiert.

Die Toranlage gestattete Gesandtschaften, Höflingen und anderen Personen den Zugang zum quadratischen Audienzsaal (Apadana) mit seinen 60,5 Metern Seitenlänge, 25 Metern Höhe und der eindrucksvollen, von 36 Säulen gestützten Dachkonstruktion, der größten und aufwendigsten des gesamten Alten Orients: 252 Zedernbalken von je einem Meter Höhe und 70 Zentimetern Breite wurden hier verbaut, die Decken waren farbig und mit Schnitzwerk, Halbedelsteinen und Edelmetallbeschlägen geschmückt. Bemalte Säulen von 19 Metern Höhe mit acht Meter hohen, ebenfalls farbigen Kompositkapitellen (Löwengreifen- und Stierkapitellen) hatten je über 72 Quadratmeter Dachfläche zu tragen, was einem Gewicht von 85 Tonnen entspricht. Der Innenraum mit seinen 3660 Quadratmetern Grundfläche und den drei im Norden, Westen und Osten vorgelagerten Portiken konnte – nach Ansicht des Ausgräbers Ernst Herzfeld – 10 000 Menschen Platz bieten. Die Wände des Audienzsaals waren (wie auch sonst in Persepolis) aus luftgetrockneten Ziegeln errichtet und über fünf Meter dick; sie waren verputzt und zum Teil mit farbigen Emailziegeln bedeckt. Die Wände in den Vorhallen und im Innern waren vermutlich bemalt und/oder mit Stoffen (Wandteppichen) behängt. Die Wangen der Treppen, die im Norden und Osten des Saals zu ihm hinaufführen, zeigen in sorgfältig ausgeführtem Flachrelief Vertreter von 23 nicht in jedem Fall zweifelsfrei identifizierbaren Reichsvölkern in landesüblicher Tracht und mit landesüblichen Geschenken („Tributbringer-Reliefs“) sowie Personal des Hofes (Gardisten, Würdenträger). Im Zentrum der Treppenanlagen befanden sich ursprünglich die sogenannten Schatzhausreliefs, die später durch Reliefs von Leibwachen ersetzt wurden. In Steinkästen fanden die Ausgräber die Gründungsurkunden des Monumentalgebäudes, die in die Zeit Dareios' I. gehören. Inschriften am Apadana, die im Namen von Xerxes gesetzt wurden, zeigen, daß dieser nach Dareios' Tod den Bau des Vaters fortsetzen ließ.

Der vermutlich von Artaxerxes I. errichtete „Hundertsäulensaal“ mit einer von großen Stieren flankierten Vorhalle an der Nordseite ist noch größer als sein Apadana-Pendant, allerdings auch niedriger und mit enger gestellten 100 Säulen. Die Türwände sind mit Reliefs geschmückt, die den „königlichen Helden“ im Kampf mit Ungeheuern bzw. den König auf seinem durch Gardisten oder Vertreter der Reichsvölker gestützten Thron zeigen.

Ein Zentralgebäude (Tripylon), verbindet die Audienzräume im Norden der Terrasse mit den „Wohnteilen“ (Palast des Xerxes und „Harem“) im Süden bzw. Südosten. Vermutlich in mehreren Bauphasen seit der Zeit von Dareios I. errichtet, zeigen seine Türreliefs den König mit zwei Dienern bzw. auf gestütztem Thron mit Kronprinz, die Treppenreliefs im Norden und Süden Gardisten und Höflinge bzw. Gardisten und Diener.

Das gleichfalls in drei Phasen errichtete große Gebäude in der Südostecke der Anlage deutete der Ausgräber Erich F. Schmidt wegen seines Bauplans und der dort gemachten Textfunde zu Recht als Schatzhaus. Die Texte: mehr als 750 elamische Täfelchen und Tafelfragmente, die fast alle die Zahlung von Silber aus dem Schatzhaus an Arbeitskräfte (Kunsthandwerker, Hilfsarbeiter) in den Jahren zwischen 492 und 458 v. Chr. dokumentieren, sowie aramäische Inschriften auf Mörsern, Stößeln und Gefäßen, die auf die Herstellung oder Präsentation dieser Gegenstände in Persepolis bzw. Ostiran verweisen. Mehr als 6000 vornehmlich elamische Täfelchen, je ein griechischer, phrygischer und babylonischer Text sowie mehrere hundert aramäische Texte und rund 25 000 unbeschriebene Tonbullen mit Siegelabdrücken wurden in den Wallanlagen gefunden. Diese bis heute nur teilweise veröffentlichten Texte stammen aus den Jahren 509 bis 494 v. Chr. und behandeln größtenteils die Ausgabe von Naturalien an Arbeitskräfte, Reisende, „Priester" und Würdenträger; sie sind wegen ihrer vielfältigen Informationen neben den Königsinschriften zu den wichtigsten iranischen Zeugnissen der Achämenidenzeit geworden.

Den Südwesten der großen Terrasse füllen die Wohnpaläste des Dareios (altpersisch: Tatschara) und des Xerxes (Hadisch) sowie die Reste weiterer Paläste aus. Der auf einem kleinen Podest errichtete Palast des Dareios, der besterhaltene Teil der Terrassenanlage, weist eine überbaute Grundfläche von 1160 Quadratmetern auf. Die Reliefs zwischen Vorhalle und Hauptraum bilden den König ab, der mit Dienern den Palast verläßt; die dort gefundene altpersische Inschrift: „Dareios, der Großkönig, König der Könige, König der Länder, des Hystaspes' Sohn, der Achämenide, der diesen Palast gemacht hat" wurde im 18. Jahrhundert von Carsten Niebuhr genauestens abgezeichnet und diente Georg Friedrich

Die Kapitelle in der Form von doppelten Tierkörpern (hier zwei Stiere) in Persepolis gehen auf assyrische Einflüsse zurück.

Das „Tor aller Länder" war der eigentliche Zugang zu den Gebäuden auf der Terrassenplattform. Die gewaltigen Mischwesen (geflügelte Stiere mit menschlichen Köpfen) sollten die Tore schützen und alles Übel abweisen.

Dareios I. (522–486 v. Chr, ist hier auf einem Türrelief seines Palastes mit Schirm- und Fliegenwedelträger abgebildet.

Grotefend in Göttingen als Ausgangsbasis seiner Versuche, die altpersische Keilschrift zu entziffern.

Der Palast Xerxes' I. ist fast doppelt so groß wie der seines Vaters. Im Osten und Westen führen reliefverzierte Treppen in ihn hinein. Dem Hauptraum ist im Norden eine Portikus mit zwölf Säulen vorgelagert. Auf den Reliefs an den Portalen der fünf Eingänge ist jeweils der König abgebildet, zusammen mit Gardisten und tieretragenden Dienern. Alle hier gefundenen Inschriften gehören bis auf eine Ausnahme in die Zeit des Xerxes; die Ausnahme – die Kopie einer Inschrift Dareios' I. vom Tatschara – ist bislang historisch nicht wirklich einleuchtend erklärt worden.

Der wohl aus der Zeit des Xerxes stammende „Harem" wird in der Regel wegen seiner zahlreichen gleichförmigen Bauteile als Wohnquartier angesehen; zugänglich war er durch einen wohnpalastähnlichen Vordertrakt. Der moderne Name Harem legt Aufenthaltsräume der Frauen nahe, doch ist dies keinesfalls ausgemacht; gewarnt sei zudem ausdrücklich vor Konnotationen weiblicher Abgeschlossenheit, orientalischer Dekadenz oder sexueller Freizügigkeit.

Am höchsten Platz der Terrassenanlage befindet sich der sogenannte Palast G, zu dem Artaxerxes III. eine reliefverzierte Treppenanlage beitrug, die später (in nachalexandrischer Zeit) zum Palast H geschafft wurde und dort die Treppenanlage aus der Zeit Artaxerxes' I. ersetzte. In der Südwestecke der Anlage liegt der Palast Artaxerxes' I., dessen zentrale, nördliche Treppenanlage sich mit der Darstellung von 30 Untertanenvölkern deutlich an ihren Pendants vom Apadana orientiert. An der Ecke der Terrasse nach Süden und Westen hin wurde eine bemerkenswerte Brüstung mit hörnerförmigen Aufsätzen errichtet.

Mit dem sorgfältig behauenen Mauerwerk (in Verbindung mit Lehmziegelwänden), den glasierten Ziegelwänden und den Säulenhallen ist Persepolis die Hauptquelle unserer Kenntnis über den eklektischen Charakter der achämenidischen Architektur, die Anleihen in Griechenland, Mesopotamien, Ägypten und Westiran machte. Besonders bemerkenswert sind die quadratischen Säulenhallen mit bis zu drei vorgelagerten Portiken. Auch der Architekturschmuck zeigt vielfältige äußere Einflüsse: So verweisen die Mischwesen am „Tor aller Länder" ebenso auf Assyrien wie die Löwen, Stiere oder Mischwesen der doppelten Tierprotomenkapitelle (Kapitelle mit den Oberteilen von Tierkörpern) und die meisten Motive der ursprünglich bunt bemalten Flachbilder an den Treppen und Tordurchgängen; die floralen Elemente an den Säulenkapitellen erinnern an ägyptische Vorbilder, während die doppelten Volutenkapitelle (Kapitelle mit spiralförmiger Einrollung) und die Steinmetztechnik griechischen (westkleinasiatischen) Ursprungs sind. Im Mittelpunkt der achämenidischen Kunst steht in Persepolis wie anderswo der König in seiner Funktion als Herrscher „von Gottes Gnaden", dem die Untertanen in Anerkennung seiner Taten für die Allgemeinheit bereitwillig und loyal dienen und folgen.

Obwohl eindrucksvolle Teile erhalten sind, bekommt man heute nur noch einen schwachen Eindruck von der Pracht der Bauten im 5. und 4. Jahrhundert v. Chr. Die gewaltigen hölzernen Deckenkonstruktionen, die Tore und goldenen Torbeschläge, die kostbaren Vorhänge, glasierten Ziegel, Wandmalereien, farbigen Säulen, Kapitelle und Reliefs sowie das luxuriöse Inventar müssen dem antiken Betrachter wie ein Wunder vorgekommen sein.

Demonstration der Ressourcen des Reiches

Heute weiß man, daß Dareios I. – in Europa nicht zuletzt bekannt als der König, dessen Truppen den Athenern 490 bei Marathon unterlagen – Ende des 6. Jahrhunderts die Palastterrasse aufschütten, einen Zugang von Süden anlegen und die Bautätigkeit auf der Terrasse beginnen ließ. Vermutlich hat er den Fortgang der Arbeiten immer wieder selbst kontrolliert und sich häufiger in Matezzisch aufgehalten, der eigentlichen Siedlung, die bis in die Alexanderzeit erhalten blieb. Zu Dareios' Zeiten lebten hier wohl die Arbeitskräfte, die die Terrassenanlage auf Befehl des Großkönigs errichten mußten. Woher sie kamen, darüber gibt eine Inschrift aus Susa, der anderen großen Achämenidenresidenz, Auskunft, die auf die Verhältnisse in Parsa übertragbar ist:

„Der Palast, den ich in Susa erbaute, dessen Rohstoffe wurden von weither beschafft. Tief wurde Erde ausgehoben, bis zum gewachsenen Boden hinab. Als die Erde gründlich ausgeschachtet war, wurde dort Kiesschotter aufgeschüttet, teils 40 Ellen hoch, teils 20 Ellen. Auf diesem Kiesschotter wurde der Palast errichtet. Daß Erde tief ausgeschachtet und dort Kiesschotter aufgeschüttet wurde und daß Lehmziegel gestrichen wurden, das besorgten Babylonier.

Balken aus Zedernholz wurden aus dem Libanon-Gebirge geholt. Syrer schafften die Stämme bis nach Babylon, und von Babylon flößten Karer und Ionier sie bis nach Susa. Yaka-Holz wurde aus Gandhara [heute Westpakistan] und Kirman [südlicher Zentraliran] geholt.

Gold, das hier bearbeitet wurde, holte man aus Lydien [Region nahe der türkischen Mittelmeerküste] und Baktrien [nördliches Afghanistan]; Edelsteine, nämlich Lapislazuli und Karneol, aus Sogdien [heute Usbekistan]; Türkise aus Chorasmien [Gebiet am Aralsee]; Silber und Ebenholz aus Ägypten. Das Farbmaterial, mit welchem die Terrassenmauer verputzt wurde, stammte aus Ionien, Elfenbein aus Nubien, Sind [Südostpakistan] und Arachosien [Afghanistan].

Die hier gearbeiteten Steinsäulen holte man aus einem Ort namens Abiradusch in Elam (östlich des Tigris). Die Steinmetzen waren Ionier und Lyder, die Goldschmiede, welche das Gold verarbeiteten, Meder [aus Nordwestiran] und Ägypter. Die Männer, die das Holz bearbeiteten, waren Lyder und Ägypter; die, welche die Ziegel brannten, Babylonier; die, welche die Terrassenmauer bemalten, Meder und Ägypter."

Diese sogenannte Burgbauinschrift legt es nahe, den Apadana mit seiner Darstellung der Untertanenvölker als eine Komposition der Ressourcen des Reiches zu begreifen – als „eine materielle Repräsentation des Reiches wie eine steingewordene Völkerliste" (H. Klinkott). Arbeiter und Künstler aus dem gesamten Reich nutzten dessen Produkte und Werkstoffe, um einen wahrhaft königlichen Versammlungssaal für alle Völker des Reiches und den Herrscher als ihren gottgewollten Herrn herzustellen. Wie Dareios' ursprünglicher Bauplan für die gesamte Anlage aussah, wissen wir nicht, doch scheint schon er die Verlegung des Eingangs von Süden nach Nordwesten anvisiert zu haben.

Es verwundert nicht, daß beim Tod des Dareios im Dezember 486 nur ein Teil der Arbeiten ausgeführt war. Xerxes vollendete dann Apada-

Das Relief zeigt einen Diener in medischer Tracht, der ein Lamm in den Palast des Großkönigs trägt.

Detail der Ionier-Gruppe von der Treppe zum Audienzsaal. In ihren Händen halten sie Wolleballen. Die Geschenke symbolisieren die Verbundenheit zwischen dem Herrscher und seinen Untertanen.

na und Palast seines Vaters, begann aber zudem weitere Bauarbeiten. Zu seinen Zeiten muß Persepolis eine einzige Baustelle gewesen sein. Wir können uns hier nicht ausführlich mit den Verunglimpfungen des Xerxes auseinandersetzen, die die Griechen vor allem des 4. Jahrhunderts in die Welt setzten: Ihre berechtigte Verstimmung über die Zerstörung der Akropolis, die dieser König als Strafe für athenische Illoyalität befohlen hatte, verstellte ihnen – und mit ihnen vielen klassisch gebildeten Intellektuellen – den Blick für seine politischen und kulturellen Leistungen; mit Xerxes begann eben nicht, wie häufig angenommen, der Abstieg des Perserreiches, sondern seine Regierungszeit stellte den eigentlichen Höhepunkt persischer Macht- und Kulturentfaltung dar.

Auch Xerxes erlebte das Ende der gewaltigen Baumaßnahmen nicht mehr. Sein Sohn (und wohl auch Mörder) Artaxerxes I. ließ den Palast seines Vaters sowie den „Hundertsäulensaal" vollenden und einen eigenen Palast errichten; gleichzeitig sorgte er mit der Fertigstellung des Tripylons dafür, daß die zahlreichen Einzelgebäude zu einem harmonischen Ensemble zusammenwuchsen. Diesem Herrscher gelang es, die von Großvater und Vater geprägten ideologischen und Herrschaftsmuster in einem saturierten Großreich in den Alltag zu übertragen und dem Reich innen- wie außenpolitische Stabilität zu verleihen. Es ist die verlockende These vertreten worden, daß er es war, der die ursprünglich an den Stirnseiten der Treppen des Apadana angebrachten „Schatzhausreliefs" magazinieren und durch Gardistenreliefs ersetzen ließ. Diese Ansicht hätte besonderes Gewicht, wenn auf den Reliefs wirklich die Personen abgebildet wären, die seinem Attentat zum Opfer fielen: der Vater Xerxes und der als Nachfolger vorgesehene ältere Bruder Dareios.

Es ist nun interessant, daß nach Artaxerxes I. alle Bau- und Steinmetzarbeiten eingestellt wurden, obgleich manches unvollendet war. Die Anlage wurde als „alter Palast" und als solcher auch als Begräbnisplatz der Dynastie genutzt. Erst am Ende der Achämenidenzeit war Persepolis wieder stärker belebt, und vor allem unter Artaxerxes III. läßt sich erneut Bautätigkeit nachweisen. Ein Augenzeugenbericht, den uns Diodor überliefert, schildert die Anlage und die in der Ebene liegende Wohnstadt beim Einmarsch der Truppen Alexanders: „Persepolis war die Mutterstadt (*metropolis*) des Königtums der Perser. Alexander beschrieb sie den Makedonen als verhaßteste unter allen Städten Asiens und übergab sie seinen Soldaten zur Plünderung, außer den Palästen. Es war die reichste Stadt unter der Sonne, und die Privathäuser waren im Lauf der Zeit mit jeder Art von Wohlstand versehen worden. Die Zitadelle ist bemerkenswert und umgeben mit einem dreifachen Mauerring. ... An der Ostseite der Terrassenanlage, 4 Plethra [123 Meter] entfernt, ist der sogenannte Königshügel, in dem sich die Gräber der Könige befinden. ... Über die Terrasse verstreut waren königliche Residenzen und solche von Feldherren, mit viel Luxus ausgestattet, sowie Schatzhäuser, für die Bewachung der Kostbarkeiten passend ausgestattet."

Feuer in Persepolis

Die Wohnstadt gab Alexander den erschöpften und über den energischen Widerstand der Perser erbitterten Soldaten gleich zur Plünderung frei; auf der Terrasse legte man erst vier Monate später, nach Alexanders Zug durch die Persis, bewußt Feuer, wobei, wenn man den Alexander-Historikern Glauben schenkt, Persepolis unterging. Warum wurde es im Mai 330 v. Chr. in Brand gesteckt? Dies ist kaum allein mit dem Wunsch nach Rache für die Zerstörungen zu erklären, welche die Perser 150 Jahre zuvor in Griechenland verursachten, selbst wenn uns dies eine antike Überlieferungstradition glauben machen möchte: Alexander hatte zwar den Ruf nach Rache als Losung für seinen Feldzug übernommen, um die in ihrer Mehrheit nicht eben makedonenfreundlichen Griechen hinter sich zu scharen, er war ihm jedoch nie zum Herzensanliegen geworden. Eine andere Tradition, nach der die Anstiftung zum Brand von der Hetäre Thais bei einem Zechgelage ausgegangen sein soll, ist weder als Ursache noch als Anlaß wahrscheinlich und wohl erst in späterer Rechtfertigungsabsicht entwickelt worden.

Will man den wirklichen Gründen für die Brandstiftung auf die Spur kommen, helfen nur Beobachtungen zur Politik Alexanders vor und nach Persepolis sowie der archäologische Befund auf der Terrasse weiter. Den Griechen gegenüber hatte Alexander die Unternehmung als Rachefeldzug für den Xerxes-Zug gegen Hellas ausgegeben (bei dem die Makedonen auf persischer Seite gestanden hatten!); seine wahren Ziele, die Eroberung des Perserreichs und die Errichtung einer eigenen Herrschaft in den Gebieten zwischen Griechenland und Indien, wurden manchem Zeitgenossen und Teilnehmer am Feldzug erst allmählich klar. Auf ausgesprochenes Unverständnis stieß bei vielen sein Bemühen, bei den Iranern Anerkennung zu finden, indem er sich als

Gandharer mit einem Rind, darunter Baktrier mit einem Kamel, ein weiteres Detail von den Völkerscharen, die dem persischen Großkönig ihre Ergebenheit bezeigen.

Einen Streitwagen bringen die Lyder als Geschenk nach Persepolis. Besonders schön ist auf dem Relief die landestypische Kleidung zu sehen.

Rächer des ermordeten Dareios III. ausgab, iranische Sitten und Gebräuche übernahm, landesübliche Tracht trug, einheimische militärische Verbände aufstellte, iranische Prinzessinnen und Fürstentöchter ehelichte und Angehörige des iranischen Hochadels mit Aufgaben in seiner Umgebung oder in den Satrapien betraute. Dieser „achämenidische Zug" Alexanders läßt sich nicht erst – wie man bislang geglaubt hat – seit dem Tod des Dareios nachweisen, sondern existierte seit seinem Übergang auf persisches Reichsgebiet; um dies zu belegen, bedarf es allerdings einer genauen Analyse der westlichen Alexander-Historie, die ja als einzige auf uns gekommen ist. Sie zeigt, daß Alexander nicht nur außerordentlich gut mit der Herrscherlegitimation der Achämeniden vertraut war, sondern auch alles tat, um ihr selbst gerecht zu werden: In Kleinasien gerierte er sich als Verteidiger und Beschützer von Frieden und Ordnung, in seinen Briefwechseln mit Dareios nach der Schlacht von Issos als Konkurrent um den Achämenidenthron. Er forderte Dareios auf, um die Herrschaft zu kämpfen (wie es sich für einen Achämenidenkönig gezieme), sorgte sich um die Soldaten und den in seine Hand geratenen Hofstaat des Achämeniden, beschuldigte Dareios, den Thron zu Unrecht bestiegen zu haben (also illegitim zu sein) und schrieb seinen Erfolg dem Willen der Götter zu, wobei hier nur die göttlichen Beschützer des Reiches und der achämenidischen „Familie" gemeint sein können.

Man hat gezeigt, welche Anziehungskraft das persische Königtum auf Männer mit großen Ambitionen ausüben konnte: mit seiner Bindung an eine Familie, dem Gedanken göttlicher Erwähltheit und Stellvertretung, dem Anspruch auf Weltherrschaft, der Vorstellung einer besonderen Beziehung zwischen Souverän und Untertanen, der herausragenden Stellung gegenüber der Aristokratie. Alexanders Verhalten zeugt von seinem Bemühen, nicht den Bruch zur Herrschaft seiner Vorgänger zu betonen, sondern durch Anerkennung persischer Größe und Respektierung seiner Tradition den Stammesadel und die Bevölkerung insgesamt auf seine Seite zu ziehen. Aus diesem Grund war es ihm wichtig, persönlich im Kernland des Reiches präsent zu sein (das Dareios bereits aufgegeben hatte) und durch den Besuch des Kyros-Grabs in Pasargadai demonstrativ Anschluß an dessen Politik zu suchen. Steht der Brand von Persepolis dazu nicht in Widerspruch? Der archäologische Befund macht deutlich, daß die Anlage systematisch leer geräumt worden war, bevor man in einigen ausgewählten Gebäuden und Räumen Feuer legte: in den Gebäuden des Xerxes und in denen, in denen Kostbarkeiten lagerten,

Absender:

Name

Straße

PLZ Ort

Telefon

Ich bin damit einverstanden, dass diese Angaben gespeichert und automatisch verarbeitet werden.

Bitte freimachen, falls Marke zur Hand

Antwort/
Postkarte

Konrad Theiss Verlag
GmbH
Postfach 10 48 27

70042 Stuttgart

die nicht entfernt werden konnten. Der Dareios-Palast blieb von der Brandstiftung ausgenommen, obwohl in Ionien und Griechenland auch mit diesem König negative Erinnerungen verbunden gewesen sein müssen. Es ging Alexander demnach zum einen darum, die Erinnerung an Xerxes symbolisch auszulöschen, an einen König, der im Westen offensichtlich so verhaßt war, daß auch Alexander sich von ihm zu distanzieren genötigt sah. Zum anderen sollte der Brand mögliche einheimische Rivalen der in den Räumen verbliebenen Kostbarkeiten berauben, die im persischen System des Verteilens und Empfangens von Geschenken neue Loyalitäten hätten begründen können.

Die Alexander-Historiker berichten Wunderdinge vom Inhalt der königlichen Schatzhäuser. Diodor erwähnt, die Gewölbe in Persepolis seien mit gewaltigen Mengen an Gold und Silber angefüllt gewesen, deren Umfang man für alle achämenidischen Residenzen mit 180 000 Talenten (4680 Tonnen Silber bzw. 468 Tonnen Gold) errechnet hat. Quintus Curtius schildert eindrucksvoll, wie die Soldaten Alexanders nach dem Wegschaffen der Gold- und Silbervorräte kurz vor der Brandstiftung unter Zeitdruck die letzten Preziosen zu rauben suchten: „Aber wenn sie nicht alles fortragen konnten, was sie fanden, wurden die Gegenstände nicht mehr zufällig ergriffen, sondern ihr Wert wurde geschätzt. Sie zerrissen die königlichen Gewänder, da jeder einen Teil in seinen Besitz bringen wollte, mit Hacken zerbrachen sie unvergleichliche Gefäße, nichts wurde unversehrt gelassen oder als Ganzes fortgetragen, jeder trug die abgebrochenen Glieder von Statuen, so wie er sie abgerissen hatte ..." – Die Funde der Ausgräber bestätigten Curtius' Bericht auf das genaueste. Nicht belegen konnte die archäologische Forschung die These von der vollständigen Zerstörung des Orts durch Alexander. Sie ist literarischer Natur, denn als Symbol der Perserherrschaft mußte der Ort zum Abschluß des Rachefeldzugs „untergehen". Tatsächlich verbrannte das Feuer nur Teile der Palastterrasse, Persepolis blieb auch nach 330 bewohnt.

Persepolis als Symbol Persiens

Diodor schrieb, Persepolis sei die „*metropolis* des Königtums der Perser" gewesen. Was meinte er damit? Welche Bedeutung hatte der Platz vor dem Brand? Zunächst einmal liefen hier im 6. und 5. Jahrhundert die Fäden der regionalen Administration der Persis zusammen. Die durch den Brand im Feuer festgebackenen Keilschrifttäfelchen geben Auskunft über ein aufwendiges regionales Wirtschafts- und Verwaltungssystem. Sie beziehen sich in Form kurzer Verwaltungsnotizen auf die Beschaffung, den Transfer und die Ausgabe von Naturalien in den südwestiranischen Kernlanden. So erhielten etwa Einzelpersonen oder Arbeitsgruppen täglich, monatlich oder als Extraration Lebensmittel, worüber mittels eines hochentwickelten Systems Buch geführt wurde. Man hat errechnet, daß die bislang edierten Texte über die Versorgung von mehr als 15 000 Personen in mehr als 100 Orten Auskunft geben. Die Altiranistin Heidemarie Koch faßt die Eindrücke, die sich aus der Untersuchung des Materials ergeben, folgendermaßen zusammen: „Mitglieder des Königshauses treten persönlich in Erscheinung, indem sie Briefe schreiben, Anweisungen geben oder auch mit ihrem Siegel die Anordnungen ihrer Untergebenen bestätigen. Eine Fülle von Beamten in ihren jeweiligen Positionen wird namentlich aufgeführt, und ihre Zuständigkeitsbereiche lassen sich erkennen. Große Gruppen von Arbeitern oder auch einzelne Personen werden für besondere Arbeiten eingesetzt und ihre Vergütungen entsprechend festgelegt. Steuerabgaben in der Form von Naturalien werden an bestimmten Orten eingesammelt, deponiert und auch wieder weiterhin für die Versorgung von Arbeitern

Zwei Armreife hält dieser Skythe in den Händen, um sie dem persischen Großkönig zu verehren.

Pasargadai war die erste Residenz der Perserkönige (oben das Grabmal Kyros' II.). Um 520 v. Chr. verlegte Dareios I. seinen Herrschaftssitz in das rund 50 Kilometer südlich gelegene Persepolis.

verwandt. Die Angaben an Saatgut und die darauf folgenden Einnahmen an Ernten werden genauestens vermerkt. So begegnet eine Fülle von Orten, und im Zusammenhang damit treten auch die jeweils zuständigen Beamten auf. Priester werden mit Opfern für die von ihnen verehrten Götter versehen. Der Unterhalt von Reisenden wird durch Täfelchen gesichert, die sie an den einzelnen Poststationen vorweisen können. Auf der anderen Seite wird über Ausgabe und Verbleib der Naturalien gewissenhaft Buch geführt, Einzel-, Sammel- und Jahresabrechnungen sind in großer Menge erhalten. Für ihre Anfertigung und Prüfung sind wiederum besondere Beamte eingesetzt."

Im Schatzhaus wurden riesige Mengen an Gold und Silber gehortet, die als Geschenk, Beute, Abgabe oder Tribut hierherkamen. Der Verzicht auf die Ausmünzung der Edelmetalle mag uns als eine Verschwendung von Ressourcen vorkommen, für die wirtschaftlich potenten Großkönige waren diese Schätze jedoch weniger als ökonomisches denn als politisch-ideologisches Kapital wichtig: Sie dokumentierten ihre Macht und dienten als Mittel zur Begründung politisch-sozialer Beziehungen und zur Festigung der Loyalität ihrer Untertanen. Es ist interessant, daß die Quellen nirgends von einer Überbeanspruchung der Bevölkerung durch Steuern und Abgaben sprechen oder von wirtschaftlichen Ursachen für Spannungen im Herrschaftsgefüge.

Der Chiliarch (Chef der Leibwache) tritt in ehrfurchtsvoller Haltung vor den auf seinem Thron sitzenden Großkönig Xerxes I. (?); Ausschnitt aus dem „Schatzhausrelief").

Persepolis war auch königliche Residenz. Zu den Kennzeichen persischen Königtums zählte, daß der Herrscher auch außerhalb von Heerzügen in seinem Reich herumreiste und je nach Jahreszeit in den verschiedenen Residenzen Station machte. Xenophon beschreibt dies so: „Er [Kyros] selbst nahm seinen Wohnsitz im Mittelpunkt derselben [Reichsgebiete] und verbrachte im Winter sieben Monate zu Babylon; im Frühling drei Monate zu Susa, und im höchsten Sommer zwei Monate zu Ekbatana. Bei diesem Verhalten, sagt man, lebe er immer in der Wärme und Frische des Frühjahrs." Wer die klimatischen Bedingungen in Mesopotamien und Iran kennt, weiß um die Vernunft dieses Verhaltens; keinesfalls hat es, wie Xenophon uns an anderer Stelle glauben machen möchte, mit einer „Verweichlichung" des orientalischen Herrschers zu tun.

Man hat das „Reisekönigtum" der Achämeniden zu Recht mit dem Aufenthalt des mittelalterlichen deutschen Herrschers in den Pfalzen des Reiches verglichen. Damit wird auch sein politischer Zug deutlich: Der König beschäftigt sich mit den Problemen der jeweiligen Region und nimmt Kontakt mit den Untertanen auf. Die antiken Quellen berichten ausführlich über den Empfang in den wichtigsten Orten und in den Residenzen, aber auch über die Zuschauer an den Straßen. Auch wenn manche Autoren den Eindruck zu vermitteln suchen, die Reisen des Königs seien durch Unmittelbarkeit, Spontaneität und Improvisation gekennzeichnet gewesen, die Wahrheit sah anders aus: Sie wurden minutiös vorbereitet, die Empfänge waren als symbolträchtiges Zeremoniell nach alten Traditionen gestaltet, das Bringen von Geschenken durch die Untertanen und ihr Austeilen durch den König immer auch symbolischer Ausdruck des Verhältnisses zwischen Oberherrn und Untertanen. Zu den Pflichten der unterworfenen Städte und großen Orte gehörte, den König und sein Gefolge zu bewirten. Die dazu notwendigen Aufwendungen konnten ihre finanziellen Ressourcen nicht unerheblich strapazieren. Die Bankette nutzte der Herrscher, um die empfangenen Güter an seine – meist aristokratischen – „Mahlgenossen", aber etwa auch an seine Soldaten, wieder auszuteilen.

Der König ist als Gabenempfänger auf den Reliefs von Persepolis abgebildet; das Überbringen von Geschenken (nicht das Entrichten von Tribut!) wird dort geradezu zum Kennzeichen achämenidischen Königtums: Typische Produkte des jeweiligen Volkes oder Luxusgüter werden dem König überbracht und symbolisieren die Verbundenheit zwischen Herrscher und Untertanen. Ein weiteres augenfälliges Thema der Reliefkunst ist der auf einem gewaltigen Möbelstück sitzende Herrscher, den Repräsentanten der Reichsvölker tragen; dies symbolisiert ebenfalls die Autorität des

In Naqsch-i Rustam bei Persepolis befinden sich die kreuzförmigen Gräber von vier persischen Großkönigen. Unter den Gräbern haben sich Sasanidenkönige mit Triumphreliefs verewigt.

Das Relief in Naqsch-i Rustam stellt den persischen Großkönig Hormezd II. (303–309 n. Chr.) im Kampf mit einem berittenen Feind dar, dessen Name oder Herkunft allerdings nicht identifiziert werden konnten; es ist unter dem Grab von Artaxerxes I. (siehe Seite 49) angebracht.

Königs im Reichsganzen. Zugleich sollte das Bild beim Betrachter weitere Assoziationen wecken, wie die Grabinschrift Dareios' I. aus Naqsch-i Rustam belegt: „Und wenn du nun denkst: ‚Wie zahlreich sind die Länder, die König Dareios besaß', dann betrachte die Bilder derer, die mein *gathu* tragen, da wirst du erkennen, dann wirst du wissen, daß des persischen Mannes Lanze gar fernhin vorgedrungen ist, dann wirst du wissen, daß der persische Mann fern von Persien den Feind zurückgeschlagen hat."

Worauf bezog sich die Darstellung des Königs, der getragen wurde bzw. Geschenke von seinen Untertanen erhielt? Bei ersterem vermutet man heute reale Prozessionen; bei letzterem ist sich die Forschung nicht einig. Zwar bringt man die Geschenke kaum noch mit der Feier des iranischen Neujahrsfests in Verbindung, doch bleibt umstritten, ob der Völkeraufzug das Zusammentreffen von König und Untertanen – wo und wann auch immer – repräsentiert oder ob auf ganz konkrete Festlichkeiten Bezug genommen wird.

Eine Legende gilt es zu zerstören. Persepolis war keine „heilige Stadt", die Fremden (vor allem Griechen) verschlossen blieb. Zumindest die am Bau von Persepolis beteiligten ionischen Künstler und Bauleute werden vom Glanz der Residenz berichtet haben, und es verwundert nicht, daß ein Teil der Forschung die in Persepolis in Stein gehauene Idee der Reichsherrschaft in Teilen des Akropolis-Bauprogramms (Parthenon-Fries) in Athen rezipiert sehen möchte.

In den Reliefs und der Architektur von Persepolis sollte das Gefühl einer universellen Ordnung vermittelt werden, die auf der einmütigen Unterstützung des Königs durch seine Untertanen beruhte. Themen und Motive der Bilder ergänzen sich zum programmatischen Neuentwurf einer spezifisch persischen Königtums- und Reichsidee. Die gabenbringenden Völkerschaftsdelegationen, die throntragenden, nach Ethnien geordneten Untertanen, der königliche Held im Kampf gegen Mischwesen oder in Verehrungs- und Gebetshaltung – für die Perser war all dies Ausdruck einer zeitlosen Idee weltlicher und kosmischer Ordnung, die sich göttlichem Beistand und der gegenseitigen Loyalität von König und Untertanen verdankte. Sie spiegelt sich auch in den dreisprachigen (Altpersisch, Elamisch, Babylonisch) Inschriften wider, etwa der Gründungsurkunde des Apadana: „Dareios, der Großkönig, König der Könige, König der Länder, des Hystaspes Sohn, der Achämenide. Es kündet Dareios der König: Dieses Reich, das ich besitze, von den Skythen jenseits von Sogdien bis nach Äthiopien, von Indien bis nach Lydien, übertrug mir Auramazda, der größte der Götter. Auramazda möge mich und mein Haus schützen."

Als wahrheitsliebender, gerechter und tatkräftiger Herrscher von der Götter Gnaden und unter der Götter Schutz war der Großkönig nach eigener Einschätzung in der Lage, Invasoren abzuwehren und die persischen Fluren zu schützen; als Vermittler zwischen der Welt der Götter und der der Menschen konnte er göttlichen Beistand und Segen für alle erfliehen, als guter Landwirt und Gärtner trug er zum Wohlergehen des Landes bei. Es entspricht dieser Herrscherideologie, daß der König im Gegenzug die unbedingte Loyalität der Untertanen zu verdienen und notfalls mit Gewalt einfordern zu können glaubte.

Das Nachleben von Persepolis

„Im Monat Spandarmad, im zweiten Jahr unter der Regierung Seiner Zoroastrischen Majestät Schabuhr [II.], des Königs der Könige von Eran und Aneran [Iran und Nicht-Iran], dessen Herkunft von den Göttern ist. Zu jener Zeit, als Schabuhr, der Sakenkönig, König von Hindustan, Sakien und Turan bis zur Küste des Meeres ... huldvoll hierher nach *satsetun* kam, da aß er Brot in diesem Gebäude ... Und er veranstaltete eine große Lustbarkeit, und er ließ Götter-Kulte durchführen, und er betete für seinen Vater und seine Vorfahren, und er betete für Schabuhr, den König der Könige, und er betete für seine eigene Seele, und er betete auch für diesen, der dieses Gebäude hatte erbauen lassen ... "

Mit dieser Inschrift verewigte sich der Sasanidenprinz Schabuhr in den Ruinen des Dareios-Palasts, als er hier 311 n. Chr. Station machte. Weder der alte Name des Ortes noch der seiner Erbauer war ihm geläufig. Das genaue Wissen um die Achämenidenzeit muß in parthischer Zeit verlorengegangen sein, als ostiranische Tradition in Mythen- und Sagenform die westiranische Überlieferung verdrängte. Durch die Existenz „heiliger Stätten" blieb das Gefühl für eine spezifisch „persische", also südwestiranische Geschichte und Tradition jedoch erhalten. Die Sasaniden verehrten die Erbauer der Anlage, leiteten aus deren Leistungen und Besitzrechten eigene Ansprüche ab und bewahrten dank der zoroastrischen Priesterschaft die Erinnerung an die besondere Stellung Irans im Reichsganzen, an die unheilvolle Herrschaft Alexanders und die besonderen Qualitäten eines Königtums „von der Götter Gnaden".

In ihrer Zeit wurde auch die offiziöse Version der iranischen Geschichte niedergeschrieben. Mit Geschichten aus verschiedenen Sagenkreisen, Zeiten und Regionen, in ein chronologisches System gefaßt und den religiösen, moralisch-ethischen und literarischen Idealen der Zeit angepaßt, wurde dieses „Herrenbuch" zum wichtigsten Erbe des alten Iran in Iran selbst. Aus einer neupersischen Prosaübertragung schöpfte etwa der persische Autor Firdausi sein Wissen, als er zwischen 975 und 1010 daranging, die Berichte über den vorislamischen Iran in einem Epos, dem berühmten und weitverbreiteten „Schahnameh" („Königsbuch"), zu bündeln. Echtes historisches Wissen um den achämenidischen Iran besaßen die Bewohner der Persis also nicht mehr, als im 14. Jahrhundert die ersten europäischen Reisenden in Iran erschienen.

Die älteste Nachricht über Persepolis in der europäischen Literatur ist wahrscheinlich eine kurze Passage im Bericht des Franziskanermönchs Odorich von Pordenone, der 1318 auf der Reise nach China einen Platz in Südwestiran, den er Comerun nennt, so beschreibt: „Dies war früher eine große Stadt, die den Römern [!] großen Schaden zufügen konnte. ... In dieser Stadt befanden sich verschiede-

Pracht und Luxus von Persepolis müssen dem antiken Betrachter wie ein Wunder vorgekommen sein. Moderne Rekonstruktionen wie der Kupferstich des „Apadana" von Charles Chipiez (1835–1901) lassen diese Pracht zumindest erahnen.

Mit seiner versunkenen Pracht zog Persepolis bereits früh Reisende aus aller Herren Länder an. Und so alt wie das Reisen ist die Unsitte, seinen Namen an historischer Stätte einzugravieren. Hier „Graffiti" in Persepolis aus dem 19. und frühen 20. Jahrhundert.

ne Paläste, in denen jedoch niemand mehr wohnte." Mehr als 100 Jahre später beschrieb Josafat Barbaro, den die Venezianer an den Hof des Turkmenenfürsten Uzun Hasan in Täbris gesandt hatten, Persepolis sowie die Felsgräber in Naqsch-i Rustam und das Kyros-Grab in Pasargadai, brachte sie aber nicht mit den Achämeniden, sondern mit biblischen Personen in Verbindung.

Als die europäischen Mächte nach der Entdekkung des Seewegs nach Indien die Beziehungen zu Persien intensivierten, gelangten ihre Diplomaten auch zu den alten achämenidischen Plätzen im Südwesten des Landes, darunter der Spanier Don García Silva Figueroa, der Tschihil Minar als erster mit Persepolis identifizierte; leider sind die von ihm in Auftrag gegebenen Zeichnungen von Gebäuden, Reliefs und Inschriften bis heute nicht wieder aufgetaucht. Dem Italiener Pietro Della Valle verdanken wir die erste erhaltene Abzeichnung altpersischer Keilschriftzeichen. 1624 besuchte der Deutsche Heinrich von Poser auf dem Rückweg aus Indien von Schiras aus Persepolis; da ihm die Einheimischen erzählten, es sei vom König Dschamschid erbaut worden, spielte er mit dem Gedanken, Dschamschid mit Kyros dem Großen zu identifizieren, verwarf die Idee aber wieder. Bis zum Ende des 17. Jahrhunderts identifizierten zwar viele Reisende den Ort richtig mit Persepolis, doch überrascht die mangelnde Exaktheit ihrer Beschreibungen oder Zeichnungen sowie die Phantasie, mit der sie das Vorgefundene interpretierten. Dies läßt sich wohl nur so erklären, daß sie in Persepolis fanden, was sie finden wollten. Als erstes änderte sich dann die Qualität der Beschreibungen und Zeichnungen (so bei den Franzosen Jean Thévenot und Jean Chardin, dem Holländer Cornelis de Bruijn und dem Westfalen Engelbert Kaempfer). Den Durchbruch bei den Interpretationen brachten erst die genauen Beobachtungen, Zeichnungen und Abschriften des berühmten Arabienreisenden Carsten Niebuhr bei seinem dreiwöchigen Aufenthalt in Persepolis 1765. Nun erst wurde das Persien der klassischen Zeugnisse und der Bibel zum achämenidischen Persien der Großkönige.

Archäologische Untersuchungen fanden in Persepolis erst in den 1930er Jahren statt. Der später von den Nationalsozialisten aus Deutschland vertriebene Ernst Herzfeld begann dort 1931 im Auftrag des Oriental Institute of the University of Chicago zu arbeiten; 1935 bis 1939 setzte Erich F. Schmidt seine Arbeiten fort. Zwischen 1940 und 1961 bzw. 1968 und 1973 arbeiteten Ali Sami und Ali Akbar Tadjvidi vor Ort, in den 60er und 70er Jahren ferner das Istituto Italiano per il Medio ed Estremo Oriente (Rom) unter Giuseppe und Ann Britt Tilia. Bis heute setzen Angehörige der Iranian Cultural Heritage Organization die Restaurations- und Ausgrabungsarbeiten in Persepolis fort.

So ist das achämenidische Persepolis zumindest in Bildern und Modellen wiedererstanden, aber auch der heutige Ort ist eindrucksvoll genug. Die Residenz der Perserkönige diente dem letzten Schah von Persien 1971 als Kulisse prächtig inszenierter pseudohistorischer Schauspiele, wurde deshalb von den neuen Machthabern nach 1978 vorübergehend bewußt vernachlässigt, ist inzwischen jedoch als Touristenattraktion wiederentdeckt. Wer heute nach Persepolis kommt, wird erkennen, wie sehr sich inzwischen auch die Iraner mit diesem „Erinnerungsort" identifizieren. Wer dort war, wird verstehen, was Barthold Georg Niebuhr meinte, als er über seinen Vater schrieb: „Das Bild dieser Ruinen blieb ihm sein Leben lang unauslöschlich, sie waren für ihn das Juwel von allem, was er gesehen."

Prof. Dr. Josef Wiesehöfer
geb. 1951, lehrt Alte Geschichte an der Universität Kiel. 2005 erschien die vierte Auflage seines Buches „Das antike Persien. Von 550 v. Chr. bis 650 n. Chr.", 2006 die dritte Auflage von „Das frühe Persien. Geschichte eines antiken Weltreichs".

Die Schule von Hellas

Raimund Schulz

Athen: Handelszentrum, Kriegsherrin, Kulturmetropole

Das 5. Jahrhundert v. Chr. war eine Wasserscheide der Weltgeschichte: Niemals zuvor und niemals danach hat eine Stadt in so kurzer Zeit und auf so konzentrierte Weise ihre außenpolitische und wirtschaftliche Machtentfaltung mit einer kulturell-geistigen Vorreiterrolle und einem einzigartigen innenpolitischen System verbunden wie Athen. Und niemals hat eine Stadt in so kurzer Zeit so viele traditionsbildende Energien freigesetzt, daß sich noch Jahrtausende später Menschen auf sie als ihre geistige Mutter berufen.

Wenn sich ein Reisender in der Mitte des 5. Jahrhunderts v. Chr. (alle Zeitangaben beziehen sich auf die Zeit vor Christus) an der levantinischen Küste, in Zypern, den Häfen Kleinasiens oder der Ägäis einschiffte, konnte er sicher sein, daß er irgendwann eine Stadt anlief, die zu den erstaunlichsten Metropolen der Zeit gehörte. Sie lag am Saronischen Golf im südwestlichen Attika, einer Landschaft, die sich weder durch Bodenschätze noch durch besondere Fruchtbarkeit auszeichnete. Dennoch hielten die Bewohner ihre Stadt für die schönste und gesegnetste unter den griechischen Poleis. Sie nannten sich „Hoi Athenaioi", die Athener, und wähnten sich unter dem Schutz Athenas, der klugen, tapferen und jungfräulichen Tochter des Zeus.

Schon von weitem nahmen die Kap Sunion passierenden Seefahrer das Funkeln der vergoldeten Lanze der großen Athena-Statue wahr, die über den Dächern der Stadt auf dem Burgberg, der Akropolis, über Wohl und Leben ihrer Schützlinge wachte. Näherte sich der Reisende der Piräus-Halbinsel, gewahrte er im Osten lange Reihen von Schiffshäusern, die das Ufer der beiden Athener Kriegshäfen Munichia und Zea säumten. Der Schiffsverkehr nahm nun spürbar zu: Moderne dreireihige Schlachtschiffe, der ganze Stolz der Athener, durchkreuzten pfeilschnell die See, dickbauchige Getreidetransporter erkämpften sich unter vollem Segel den Weg zum Piräus, dem Haupthafen Athens. Er war der größte und modernste Überseehafen der griechischen Welt.

Am Kai war ein großer Bezirk, das Emporion, nur für den Seehandel reserviert. Fünf Säulenhallen dienten als Lagerhäuser und Verkaufszentren, eine war für den Getreidehandel vorgesehen, eine zweite diente Bankiers und Händlern als Standort für Verkaufsstände und Wechselstuben. Die Waren stammten aus aller Welt. Der Athener Dichter Hermippos (5. Jahrhundert) schildert es anschaulich: „Aus Kyrene [im heutigen Libyen] zunächst Rindsleder und Silphionsstengel, / vom Hellespont [den Dardanellen] die Makrelen und Salzfische jeglicher Sorte, / Rippenstücke vom Rind aus Thessalien [Mittelgriechenland], ebenso Graupen ... Doch Syrakus [Sizilien], das liefert Schweine sowie Parmesankäse ... es schickt uns Ägypten Tauwerk und Segel, / aber auch Bücher. Den Weihrauch beziehen wir aus Sy-

Rekonstruktionszeichnung der Akropolis von Peter Connolly (1998). Links ist das Erechtheion zu sehen, rechts der im Bau befindliche Parthenon.

rien, und aus / Kreta, der Inselschönen, Zypressenholz für die Götter. / Libyen aber verkauft uns, was wir an Elfenbein brauchen, / Rhodos Rosinen und Feigen, die Spender der lieblichen Träume. / Aber Euböa [nach Kreta die zweitgrößte Insel Griechenlands] liefert die Birnen und nahrhafte Äpfel / Phrygien [westliches Inneranatolien] Sklaven in Menge ..., nahrhafte Mandeln, so reich an Ölen, die Zierde des Mahles, / führt Paphlagonien [nördliches Kleinasien] aus und Kronions heilige Eicheln, Zypern dagegen Früchte der Dattelpalme und feinstes Weizenmehl, Teppiche endlich Karthago und bunte Kissen."

Mit den Waren kamen die Menschen. Der Piräus war ein Schmelztiegel unterschiedlicher Kulturen, Religionen, Temperamente und Überzeugungen, und doch einte sie die Aussicht auf individuellen Erfolg. Viele Händler und Handwerker ließen sich als „Mitbewohner" im Hafenviertel nieder und waren sogar bereit, hohe Steuern zu entrichten, nur um dem Nabel der Handelswelt nahe zu sein. Andere suchten schnelle Arbeit und noch schnelleres Vergnügen. Das Hafenviertel und seine Stadt boten beides. Die sündigen Meilen des Piräus wurden nur von dem Vergnügungsviertel Korinths übertroffen. Doch Athens Hafenstadt bot zudem ein außergewöhnlich modernes architektonisches Ambiente. Hippodamos von Milet, der berühmteste Stadtplaner des Altertums, hatte am Anfang des 5. Jahrhunderts den Grundriß der Hafenstadt mit rechtwinklig angelegten Quartieren und Straßen entworfen. Die parallel verlaufenden, sich fast acht Kilometer hinziehenden sogenannten Langen Mauern verbanden den Hafen mit der eigentlichen Stadt Athen; zusammen mit der weiter östlich von der Phaleron-Bucht ausgehenden Mauer bildeten sie ein uneinnehmbares Festungsdreieck, an dem sich rund 20 Jahre später die Spartaner die Zähne ausbeißen sollten.

Auch innerhalb des Stadtbezirks bot sich den Besuchern ein reiches Panorama beeindruckender Neubauten. Auf dem Markt entstand das Thesaion, ein dem Hephaistos und der Athena geweihter Tempel, ferner wurden Gebäude für die Gerichtshöfe und den Rat der Stadt errichtet. Hinzu traten großzügige Säulenhallen und Sportstätten (Palästren). Den Höhepunkt der Bautätigkeit bildete im wahrsten Sinne des Wortes der heilige Bezirk der Athena auf der Akropolis. Hier entstand seit 447 unter Leitung der Architekten Iktinos und Kallikrates ein riesiger Tempel zu Ehren der Athena Parthenos (der „jungfräulichen Athena"), den man deshalb Parthenon nannte. Sein Inneres bestand aus einer von Säulen gesäumten Vorhalle auf der Ostseite, an die sich der Hauptraum (Cella) anschloß. Hier erblickte der Besucher eine von Pheidias geschaffene zwölf Meter hohe Kolossalstatue der Athena. Ihr hölzerner Kern war mit Elfenbein und Goldplatten im Wert von 626 Silbertalenten belegt. Der Tempel selbst wurde höher und breiter ausgeführt als die üblichen Sakralbauten. Das originellste bildhauerische Element war der Fries, der um den äußeren Rand der Cella verlief (siehe die Abbildungen auf Seite 8/9). Er zeigte zum erstenmal sterbliche Menschen: die Athener Bürger auf dem Festzug zu Ehren der Göttin. Hinter der Cella befand sich ein Raum mit dem Tempelschatz, den die Athener in Notzeiten für die Verteidigung der Stadt verwendeten.

Für den Bau der Propyläen, eines Festtores mit fünf Eingängen und weit ausladenden Flügeln, das man nach der Fertigstellung des Parthenon in Angriff nahm und das später dem Brandenburger Tor in Berlin als Vorbild dienen sollte, war der Architekt Mnesikles verantwortlich. Etwas später fügte man rechts davor einen kleinen Tempel der „siegbringenden Athena" (Nike-Tempel) hinzu. Ein älterer Tempel der Athena wurde abgerissen und bald darauf durch das berühmte Erechtheion ersetzt. Dieser Tempel, der das Kultbild der Athena sowie anderer Götter und mythischer Helden beherbergte, vereinte mehrere Baustile und unterschied sich damit markant von den anderen Bauten. Am originellsten ist die von Frauenstatuen getragene Südhalle (Korenhalle) – ein in dieser Form einzigartiges Kunstwerk der griechischen Welt.

Die Leidenschaften der Athener

So außergewöhnlich die Bauten und das Erscheinungsbild der Stadt waren, so seltsam muteten mitunter ihre Bewohner an. Athen war die größte und bevölkerungsreichste Stadt des griechischen Mutterlands, im griechischen Siedlungsraum nur übertroffen von Syrakus im fernen Westen. In den 40er Jahren des 5. Jahrhunderts bestand die bürgerliche Bevölkerung aus 100 000 bis 120 000 Menschen. Die Zahl der ausländischen „Mitbewohner" Attikas belief sich auf etwa 25 000 bis 30 000, hinzu kamen wohl bis zu 120 000 Sklaven, die zum Teil auf dem Land in Attika lebten und arbeiteten. Sie waren es in erster Linie, die den Athenern den nötigen Freiraum für ihre ureigenste Leidenschaft boten, die Politik.

Sie äußerte sich in einer fast hektischen Geschäftigkeit: Mal sah man Menschenmengen auf dem Weg in die öffentlichen Gerichte, wo bis zu 1001 aus dem gesamten Volk erloste Richter ihre Urteile sprachen. Andere versammelten sich auf der Pnyx, dem Ort der Volksversammlung, wieder andere kamen aus dem Sitzungssaal des Rats oder geleiteten fremde Gesandtschaften vor das versammelte Volk. Selbst Tagelöhner und Handwerker fungierten als Beamte und Vorsitzende der großen Versammlungen. Was in anderen Poleis undenkbar war, nannten die Athener *demokratia*, „Herrschaft des Volkes". Sie wollten damit ausdrücken, daß die Gesamtheit der männlichen Bürgerschaft bei der Gestaltung der Politik größere Einflußmöglichkeiten hatte als anderswo. Der Einfluß äußerte sich in dem freien Rede- und Antragsrecht in der Volksversammlung, besonders aber darin, daß die Richterstellen in den öffentlichen Gerichten sowie die städtischen Beamtenposten durch Losentscheid besetzt wurden; die Losung sollte die bei Wahlen möglichen Einflußnahmen verhindern und gleichzeitig die Autorität des Beamten schwächen; nur die Feldherren und hohen Finanzbeamten wurden gewählt, doch auch sie unterlagen strengen Kontrollen.

Die Athener waren stolz auf diese ungewöhnliche Form des politischen Miteinanders.

Korenhalle an der Südostseite des Erechtheions, benannt nach den sechs Frauenskulpturen, die das Dach stützen. Die Funktion dieses Anbaus an den Tempel der Athena Polias ist nicht überliefert.

In der „Rede auf die Gefallenen" beschrieb es Perikles, der führende Politiker der Zeit, so: „Wir leben in einer Staatsverfassung, die nicht den Gesetzen der Nachbarn nachstrebt, sondern wir sind eher das Vorbild für andere als deren Nachahmer. Ihr Name ist Demokratie, weil sie nicht auf einer Minderzahl, sondern auf der Mehrzahl der Bürger beruht. Vor dem Gesetz sind bei persönlichen Rechtsstreitigkeiten alle Bürger gleich ... Auch dem Armen ist, wenn er für den Staat etwas zu leisten vermag, der Weg nicht durch die Unscheinbarkeit seines Standes versperrt. Und wie in unserem Staatsleben die Freiheit herrscht, so halten wir uns auch in unserem Privatleben fern davon, das tägliche Tun und Treiben der Nachbarn mit Argwohn zu verfolgen."

Sicherlich idealisiert Perikles in nicht geringem Maß das politische Leben seiner Heimatstadt; dennoch spricht aus seinen Formulierungen eine Lebenshaltung, die – anders als die des stets mißtrauischen Sparta – durch eine selbstbewußte Offenheit gegenüber den Einflüssen von außen geprägt war. Diese Lebenshaltung muß auf Fremde inspirierend gewirkt haben. Denn es waren nicht nur Händler und Kaufleute, die nach Athen strebten; auch Gelehrte und Philosophen, Scharlatane, Künstler und Dichter aus allen Teilen Griechenlands lebten, arbeiteten und wetteiferten miteinander unter der Silhouette der Akropolis mit ihren majestätischen Bauten.

Der kulturellen Höhepunkte gab es viele, nach Ansicht der Athener so viele wie nirgends sonst. Nur in Athen fanden die großen Theateraufführungen im Dionysos-Theater am Hang der Akropolis statt: Hier berauschte man sich an den Tragödien von Aischylos, Sophokles und Euripides und ergötzte sich am beißenden Spott der Komödien des Aristophanes. Ganz in der Nähe des Theaters strömten die Menschen in die größte Halle der griechischen Welt, dem nach persischem Vorbild errichteten Odeion, um den musikalischen Darbietungen der Sänger zu lauschen.

Der Besucher brauchte freilich gar nicht die Feste abzuwarten, um in den intellektuellen und künstlerischen Strudel einzutauchen. In der rede- und diskussionsfreudigen Demokratie konnte man täglich die schlagfertigsten Redner bestaunen oder selbst Unterricht in Rhetorik und Dialektik nehmen. Jederzeit fand man auf dem Markt oder in den Säulenhallen mehr oder weniger gelehrte Männer, die sich „Weisheitslehrer" (Sophisten) nannten, über Gott und die Welt zu schwadronieren wußten und auf wißbegierige Zuhörer und zahlungskräftige Schüler warteten. Beliebt waren ferner die öffentlichen Lesungen der Dichter und Literaten. Seit 430 verzauberte ein Fremder namens Herodot aus dem kleinasiatischen Halikarnassos mit einer neuen Art der Erzählung über die großen Perserkriege seine Zuhörer: Er wurde zum Vater der abendländischen Geschichtsschreibung.

Athen glich so einem Dauerfestival künstlerischer, intellektueller und literarischer Großereignisse. Das architektonische Ambiente bildete den passenden Rahmen, die Geschäftigkeit der Bürger den Resonanzboden. Die meisten Künstler, Philosophen und Intellektuellen kamen nicht aus Athen selbst, sondern aus der Peripherie der griechischen Welt. Was sie anzog, waren die zwanglose Freiheit der Darbietungsmöglichkeiten, guter Lohn sowie die Chance, Anregungen für die eigene Arbeit zu erhalten. Der Kulturhistoriker Jacob Burckhardt hat von einem „geistigen Tauschplatz" gesprochen, mit dem sich nur das Florenz der Renaissance vergleichen ließe. Athen sei die „Schule von Hellas", jubelte bereits der Athener Historiker Thukydides durch den Mund des Perikles, und er konnte sich der Zustimmung vieler Griechen sicher sein: Selbst als Athen mit dem fernen Syrakus im Krieg lag, soll, so berichtet Diodor, ein syrakusanischer Redner die gegnerische Stadt ehrfurchtsvoll als die „Schule der Menschheit" bezeichnet und seine Mitbürger gefragt haben, wohin denn die Ausländer gehen sollten, um eine freie Erziehung zu genießen, wenn Athen einmal zerstört werden sollte.

Natürlich gab es früher und später ähnliche Zentren kultureller Prägekraft. Doch Athen war der Musentempel der Demokratie und nicht der Hof eines kunstbeflissenen Alleinherrschers: Genauso engagiert, wie die Athener die Volksversammlung und die Gerichte besuchten, strömten sie in die Theater- und Musikaufführungen. Und genauso, wie sie Dichter und Künstler begeistert feierten, ergriff sie ein enthusiastischer Taumel, wenn die Kriegsflotte ihre Manöver abhielt oder zu einer Expedition auslief. Die Athener Identität speiste sich aus einer Vielzahl unterschiedlicher Aktions- und Erfahrungsräume – erst ihre Summe macht die Stadt zu einem welthistorischen Phänomen ersten Ranges.

Die historischen Grundlagen der athenischen Ausnahmestellung

Um die Gründe für die außergewöhnliche Entwicklung Athens zur kulturellen Weltmetropole freizulegen, muß man den Blick zurück ins 6. Jahrhundert werfen – in eine Zeit voller Spannungen, Nöte und Probleme. Das größte Problem erwuchs aus den geringen Ackerbauflächen, die das griechische Mutterland der stetig wachsenden Bevölkerung bot (Athen zählte schon damals zu den bevölkerungsreichsten Poleis). Doch anders als viele Küstenstädte verzichteten die Adligen auf die Chance, den Streit um Grundstücke und den Ärger der verschuldeten Klein-

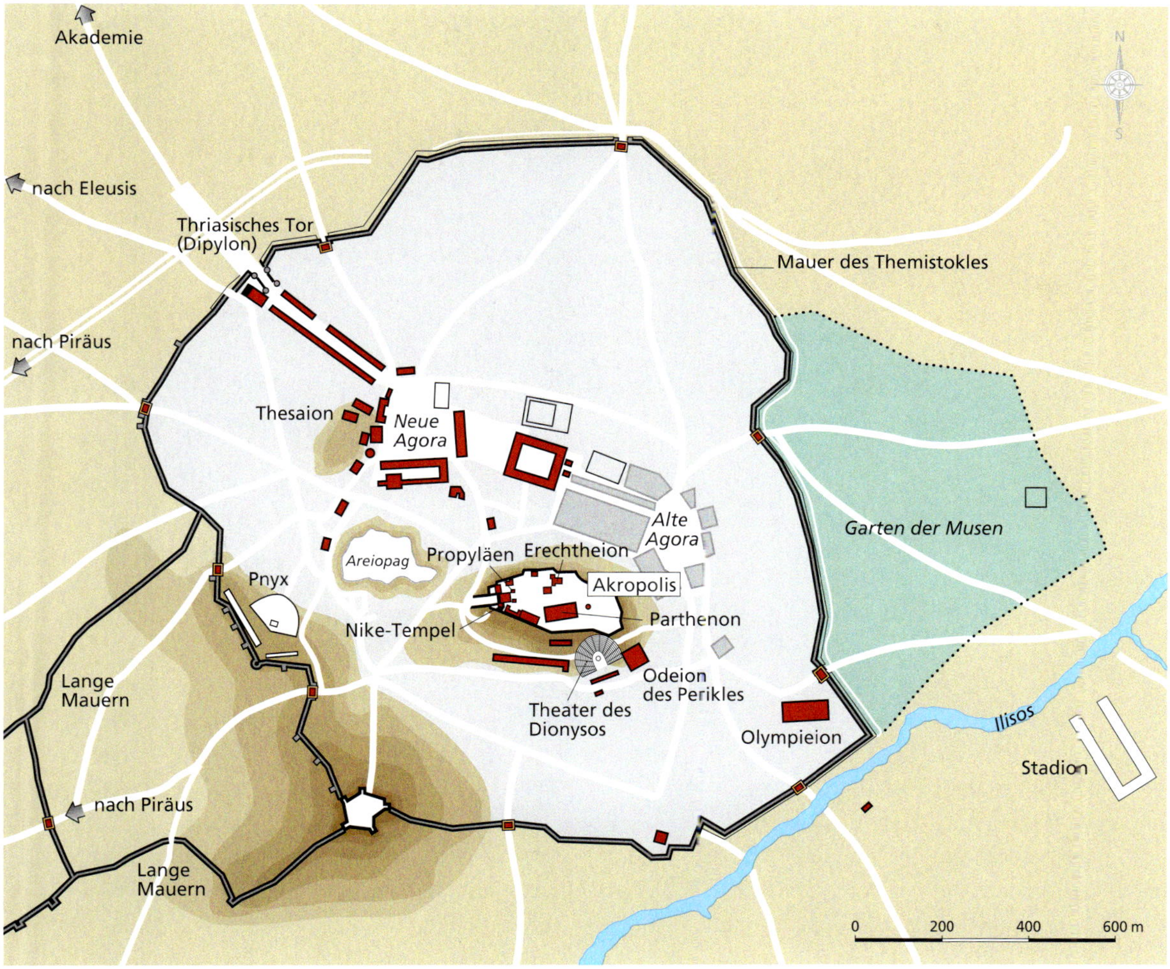

Das Dionysos-Theater, die Geburtsstätte des klassischen Dramas, geht auf das 6. Jahrhundert v. Chr. zurück. Der heutige Bau entstand um 330 v. Chr., allerdings fanden unter dem römischen Kaiser Nero noch erhebliche Umbauten statt.

bauern durch die Gründung von Kolonien nach außen abzulenken, und so konzentrierten sich die Probleme in Athen selbst.

594, als der Ausbruch eines Bürgerkriegs drohte, wies ein Mann namens Solon einen Weg aus der Krise. Er war von den streitenden Parteien zum Schlichter („Versöhner“) mit gesetzgeberischen Vollmachten bestellt worden, denn seine Erfolge als weitgereister Kaufmann versprachen praktische und unparteiische Lösungen. In mehreren Gedichten machte Solon zunächst klar, daß nicht die zornigen Götter die Übel verursacht hätten, sondern die Bürger selbst. Entsprechend müßten auch alle gemeinsam nach Wegen aus der Krise suchen. Der innere Friede – so die Einsicht Solons – könne nur gewahrt werden, wenn die Verbesserung der wirtschaftlichen Lage der Bauern durch eine Stärkung der politischen Verantwortlichkeit jedes Bürgers ergänzt würde. Besonders die wirtschaftlich Erfolgreichen sollten stärker an der politischen Führung beteiligt werden. Deshalb teilte er die Bürgerschaft in vier Klassen ein, die sich nach der Größe des Bodenbesitzes und des jährlichen Ertrags der Felder bestimmten. Prinzipiell konnte damit jeder, der reich war und über ertragreichen Grundbesitz verfügte, hohe politische Posten bekleiden, auch wenn er kein Adliger war.

Ferner hatte fortan jeder Athener die Möglichkeit, beim zuständigen Beamten eine Klage einzureichen, unabhängig davon, ob es um sein persönliches Wohl und Wehe ging oder ob ein allgemeiner Gesetzesverstoß gerichtlich verfolgt werden sollte. Die Verhandlung der Klagen – außer Mord und Verrat gegen die Polis – erfolgte in einem neugeschaffenen Gericht, in das jeder Athener als Richter berufen werden konnte. Solon veröffentlichte die Reformen in schriftlicher Form als Gesetze.

Er wies damit einen Weg des politischen Miteinanders, der nicht nur allen Bürgern Rechte verschaffte, sondern alle Bürger in die Pflicht nahm, wenn es um die Lösung städtischer Probleme ging. Das gestärkte Verantwortungsgefühl der Bürger für ihre Stadt konnte freilich nicht verhindern, daß Athen – wie jede Stadt Griechenlands – auch nach den Reformen von den Machtkämpfen der Adligen geprägt blieb. Aber das Wohl der Heimatgemeinde mußte nun stärker berücksichtigt werden als zuvor. Typisch für diese Einstellung ist die Tyrannis des Peisistratos, die sich noch zu Lebzeiten Solons etablierte. Peisistratos brachte seine Anhänger in die höchsten Ämter, ließ aber die solonische Ordnung bestehen und versuchte zudem, ganz nach adligem Vorbild, seine Machtstellung durch herausragende Leistungen im Krieg, durch die Steigerung des Reichtums und die Förderung von Kunst und Kultur zu legitimieren. Peisistratos und seine Söhne erweiterten den Einfluß Athens in der Nordägäis, indem sie Stützpunkte anlegten sowie eine ansehnliche Kriegsflotte auf Kiel legten. Großzügige Darlehen sowie eine rege Bautätigkeit auf der Akropolis und in der Stadt flankierten das Aufblühen der ländlichen Wirtschaft und der Keramikproduktion. Ferner richtete er eine große öffentliche Bibliothek ein, zog berühmte Dichter an seinen Hof und erweiterte das Fest der Großen Dionysien zu einem Wettbewerb von Tragödiendichtern. Vielen Athenern galt die Tyrannis als goldenes Zeitalter.

Auch wenn die Peisistratiden nach wenigen Jahrzehnten durch die Gegnerschaft oppositioneller Adliger mit Hilfe der Spartaner gestürzt wurden, so blieben doch ihre kulturellen Errungenschaften erhalten; und selbstverständlich waren die Athener nicht bereit, den außenpolitischen Machtgewinn der Tyrannis wieder aufzugeben. Uneinig war man sich dagegen zunächst über die politische Neugestaltung im Innern. Teile des Adels unter Führung des Isagoras wollten den Sturz der Tyrannis dazu nutzen, die solonische Ordnung abzuschaffen und die Macht auf einen 300köpfigen Adelsrat zu konzentrieren. Gegen diese Restaurationspolitik wandte sich ein Mann namens Kleisthenes. Er propagierte eine an Solon anknüpfende Neugestaltung des Bürgerverbands mit dem Ziel, den politischen Einfluß des Adels zu schwächen und die Beteiligung aller Bürger an der Politik zu stärken. Wie sehr diese Pläne der Entwicklung des politischen Selbstbewußtseins der Athener Bürgerschaft entsprachen, zeigte sich 508, als Isagoras zur Durchsetzung seiner Restaurationspläne die Spartaner zu Hilfe rief. Kleisthenes und seine Anhänger mußten Athen verlassen. Doch auch ohne ihren einflußreichen Wortführer setzten sich der Rat und ein großer Teil der Bürgerschaft gegen die Spartaner zur Wehr und zwangen sie schließlich zum Abzug. Die Athener

Gebückte Figur, Detail aus dem Dionysos-Theater.

Porträtbüste des athenischen Staatsmannes Perikles (um 500 – 429 v. Chr.). Unter seiner Ägide wurde der Parthenon erbaut. Der Ausbruch des Peloponnesischen Krieges 431 v. Chr., der ihm zur Last gelegt wurde, beendete seine politische Karriere.

demonstrierten spektakulär und spontan, daß die Zeit adliger Alleinherrschaften endgültig vorbei und der politische Mitsprachewille breiter Bevölkerungskreise nicht mehr zu ignorieren war.

Doch auch die zweimaligen militärischen Interventionsversuche der Spartaner prägten die Mentalität der Athener tief. Sie versetzten die Bürger in einen Dauerzustand militärischer und politischer Wachsamkeit. Um sich gegen erneute Angriffe zu wappnen und das Aufkommen einer Tyrannis zu erschweren, setzte Kleisthenes zunächst eine Neuorganisation der lokalen Gemeinden Athens und Attikas durch. Fortan besaß jede Gemeinde ihre eigene Versammlung, in der man die lokalen Angelegenheiten diskutierte und entschied sowie das Gemeindeoberhaupt wählte. Ferner wählte die Gemeindeversammlung die Kandidaten für den neueingerichteten Rat der 500. Um eine breite Streuung der Kandidaten zu gewährleisten und den Einfluß der Adligen weiter zu vermindern, führte Kleisthenes zudem eine komplizierte Neueinteilung der Gemeinden durch. Die lokalen Gemeinden wurden zu „Schulen" der großen Politik. Wie heute auch begann so mancher große Redner seine Karriere in der Lokalpolitik.

Die neue Ordnung, die die Zeitgenossen *isonomia* (gleiches Recht aller Bürger gegenüber dem Gesetz) nannten, erwies sich als im Innern stabil und nach außen wehrhaft, denn nach den Listen der Gemeindemitglieder wurden auch die Rekruten für die Bürgermiliz bestellt. Diese Auswahl war effektiver als frühere Verfahren: Ein Jahr nach Abschluß der Kleisthenischen Reformen schlug die Bürgerarmee mehrere Angreifer zurück. Das Mißtrauen gegenüber den Nachbarn und den Spartanern blieb jedoch bestehen.

Am Ende des 6. Jahrhunderts waren damit die wesentlichen Faktoren ausgebildet, die der weiteren Athener Entwicklung ihre charakteristische Richtung gaben: Eine auf die politische Verantwortlichkeit aller Bürger bauende innenpolitische Ordnung integrierte die kulturellen Leistungen eines Tyrannen in ihr Selbstverständnis. Und da man stets in dem Gefühl lebte, beides – die innenpolitische Ordnung und die kulturellen Leistungen – gegen aggressive Nachbarn verteidigen zu müssen, verband sich das Bewußtsein einer kulturellen und innenpolitischen Sonderrolle mit dem Bedürfnis nach militärischer Stärke zu Wasser und zu Land.

Der Abwehrkampf gegen die Perser verstärkte diese Haltung noch. Um sich gegen erneute aristokratische Machtgelüste abzusichern, übernahm die Volksversammlung die Durchführung des Scherbengerichts. Hierbei mußten mindestens 6000 abgegebene Stimmen dafür votieren, daß ein Politiker zum Wohl der Gemeindestabilität für zehn Jahre in die Verbannung gehen sollte (die Bezeichnung „Scherbengericht" geht auf den Umstand zurück, daß der Name der potentiell zu verbannenden Politiker auf Tonscherben geschrieben wurde; gehen mußte, wer die meisten Stimmen erhielt). Im selben Jahr führte man das Verfahren ein, die Besetzung der höchsten Beamtenposten durch Los zu entscheiden. Nur die Feldherren und die Finanzbeamten wurden nach wie vor gewählt, womit das Prestige dieser kriegswichtigen Posten gestärkt wurde. Fast gleichzeitig setzte ein Adliger namens Themistokles durch, daß 200 Kriegsschiffe (Trieren) sowie entsprechende Hafenanlagen am Piräus gebaut werden sollten. Die neue Flotte zwang 480 die persischen Schiffe bei Salamis (einer kleinen Insel vor Athen) zur Flucht und unterstützte danach die militärischen Erfolge der Griechen zu Land.

478 nutzten Athener Adlige den Rückzug Spartas vom Kampfgeschehen und gründeten mit zahlreichen anderen griechischen Städten der Ägäis eine Militärallianz gegen Persien. Die Bundesgenossen verpflichteten sich, für die gemeinsame Flotte Schiffe oder Geld beizusteuern. Vertreter der Bündnismitglieder versammelten sich auf der Insel Delos in einem Bundesrat. Hier befand sich auch die Bundeskasse. Athen dominierte den Bund von Anfang an, weil es die Admiräle stellte. Die Flotte des (delisch-attischen) Seebunds wurde so zum Instrument einer ausgreifenden Athener Machtpolitik. In den 470er Jahren waren die Perser bereits bis nach Zypern zurückgedrängt.

Der ungewöhnliche Erfolg, der Ausbau der Kriegsflotte und die Anlage des Piräus befruchteten Wirtschaft und Handel, und sie gaben der innenpolitischen Entwicklung erneut einen Anstoß, den andere Poleis nicht erfuhren. Athen und sein Hafen zogen zahlreiche Handwerker und Händler, aber auch junge Athener aus den besitzlosen Schichten (Theten) an. Sie verdienten als Ruderer gutes Geld und wurden als Teilnehmer der Volksversammlungen und der anderen politischen Geschäfte immer enger in das städtische Leben integriert. Ihre Stimmen zählten bald mehr als in anderen Poleis, denn die Kriegsschiffe Athens waren seit den Perserkriegen Staatsbesitz, und ihr Einsatz hing von der Zustimmung breiterer Volksschichten ab. Hinzu kam, daß sich mit den außenpolitischen Erfolgen das Arbeitspensum der Volksversammlung und des Volksrats vergrößerte: Sie mußten nun schnelle Entscheidungen bezüglich der Ausrüstung der Flotte, ihres Einsatzes sowie der komplizierter werdenden Verwaltung des Seebunds treffen.

Lange widersetzten sich die Admiräle dieser Entwicklung. Sie versuchten, im Areopag (dem Adelsrat) Flotten- und Außenpolitik in einer Art aristokratischer Kabinettspolitik zu betreiben. Militärische Mißerfolge, diplomatische Fehler sowie die alten adligen Konkurrenzkämpfe führten jedoch in den 460er Jahren dazu, daß sich die Waagschale zugunsten der Institutionen des Volkes neigte. 462/61 gelang es zwei ehrgeizigen Politikern (Ephialtes und Perikles) mit den Stimmen der Theten, dem Areopag die Kontrollrechte über die Gesetzgebung und die Beamten zu entziehen und sie auf die Volksversammlung und neueingerichtete Volksgerichte zu übertragen. In dieser Zeit fiel wohl zum erstenmal das Schlagwort *demokratia* als Kampfbegriff: Gemeint war das politische Gewicht auch des *besitzlosen* Volkes, der Theten, in der Volksversammlung und in den Gerichtshöfen. Wenige Jahre später erhielten sie Zugang zu den höchsten Beamtenstellen, und 451 bekam jeder Bürger ein staatliches Entgelt (Diäten) für seine Tätigkeit als Richter.

Trotz aller politischen Veränderungen gingen die entscheidenden Initiativen aber nach wie vor von adligen Politikern aus, die in der Kooperation mit den Besitzlosen eine Chance für ihre politische Karriere erkannten bzw. für ihre Stadt die größten militärischen Erfolge einfuhren. Die Adligen waren es auch, die das kulturelle Leben durch ihren finanziellen Einsatz weiterentwickelten. So konnten sie ihren Reichtum zur Schau stellen, während sich auf der anderen Seite die breite Masse der Solidarität der adligen Politiker gegenüber Demos und Stadt versicherte.

Die Kunst der Tragödie

Alle Bevölkerungsschichten einten die militärischen Erfolge der Flotte und der Stolz auf die Stadt und deren Reichtum. Bei allen Athenern verfestigte sich das zunächst noch unsichere Gefühl, nicht nur etwas Außerordentliches geleistet zu haben, sondern auch außergewöhnlich zu sein. Doch ihre Euphorie war nie frei von sorgenvoller Wachsamkeit: Schon früher hatten

Das Scherbengericht wurde wahrscheinlich von Kleisthenes 487 v. Chr. eingeführt. Wessen Name bei der Volksversammlung am häufigsten auf einer Scherbe erschien, der mußte für zehn Jahre in die Verbannung gehen.

Antityrannengesetz des Eukrates; die Urkundenstele (337 v. Chr.) wurde auf der Athener Agora gefunden.

griechische Weise nach den Ursachen der Welt und ihren Veränderungen gefragt. Mit dem Aufstieg Athens konzentrierten sich diese Fragen auf den Menschen: Wie war es den Athenern möglich geworden, solche Erfolge zu erringen? Was waren die Gründe? Und – die bohrendste aller Fragen – würde es so weitergehen, oder mußte man irgendwann mit Mißerfolgen rechnen?

Anders als die Römer, die sich von Beginn an der Unterstützung ihrer Götter gewiß waren und ohne diese Gewißheit keinen Krieg begannen, waren die Griechen und speziell die Athener von Zweifeln geplagt, weil sie dem Schicksal und dem autonomen Handeln des Individuums größeren Einfluß zumaßen als dem Eingebundensein des Menschen in einen religiösen Kontext: Gerade Salamis und der Einsatz der Kriegsschiffe – daran zweifelte niemand – waren bei allem göttlichen Wohlwollen auch das Ergebnis technischer Fähigkeiten und strategischer Intelligenz. Was aber, wenn Intelligenz und die Technik einmal versagten? Zudem: Hatte nicht die Vergangenheit gezeigt, daß Athen sich immer wieder feindlicher Invasionsversuche erwehren mußte?

Nervosität und Selbstzweifel nagten so an den Athenern auch in den Stunden ihres größten Erfolgs. Selbstbewußtsein rief Selbstreflexion hervor, und diese war nicht Privatsache, sondern wurde öffentlich inszeniert. Diese Fähigkeit zur kollektiven Selbstreflexion war anspruchsvoll und gehörte zu den kulturell fruchtbarsten Charaktereigenschaften der Athener. Gerade ihre außergewöhnlichen Erfolge zwangen sie, auch außergewöhnliche Strategien zu entwickeln, um mit dem Selbstzweifel umzugehen. Eine Methode war ihre geradezu sprichwörtliche „Geschäftigkeit“: Solange jeder Bürger einen Großteil seiner „Freizeit“ als Ratsmitglied, Richter oder Teilnehmer der Volksversammlung verbrachte, mochten Gedanken über Schicksalsschläge gar nicht aufkommen. Doch immer wieder gönnten sich die Athener Ruhepunkte, um sich – wie Perikles sagte – von dieser Geschäftigkeit zu erholen. Sie waren die beste Gelegenheit, die Sorgen des Erfolgs gemeinsam und konstruktiv zu bewältigen.

Traditionell hatte der Mythos den Griechen Erklärungen für die großen Fragen der Welt und der menschlichen Natur geboten. Diese Funktion des Mythos blieb auch im „modernen“ Zeitalter erhalten, nur wurde er zum Logos, der rationalen Vernunft, in ein neues Verhältnis gebracht: Konnte der Logos allein keine befriedigenden Erklärungen und Prognosen geben, dann bot der Mythos die Möglichkeit, reale Sorgen in der Form eines „mythischen Szenarios" durchzuspielen. Das Medium für diese Art der Welt- und Selbstreflexion war die Tragödie, von allen Künsten die ureigenste Erfindung der Athener und ihre bedeutsamste geistige Hinterlassenschaft.

Schon das erste große Stück, die 471 uraufgeführten „Perser" des Aischylos, zeigt eine außergewöhnliche Kraft der geistigen Durchdringung, auch wenn es ausnahmsweise nicht den Mythos, sondern die Zeitgeschichte behandelt: Aischylos entführt die Zuschauer an den Hof des Perserkönigs in Susa. Am Grab des ehrwürdigen Regenten Dareios (der seit 497 Feldzüge gegen die Griechen unternommen hatte) wartet die Königsgemahlin Atossa auf Nachrichten vom Ausgang des Feldzugs, den ihr Gemahl Xerxes 497 gegen Griechenland führte. Schließlich bringt ein Bote das Unfaßbare: Die persische Flotte wurde bei Salamis geschlagen, und Xerxes ist auf der Flucht. Die erschütterte Atossa sucht nach Erklärungen, ihre Ratgeber sind ratlos. Da erscheint ihr der Geist des verstorbenen Dareios. Er weist auf die schwierige Versorgungslage des persischen Heeres hin und nennt die widrigen topographischen Verhältnisse am Sund von Salamis. Doch der entscheidende Grund für die Niederlage liege in einer Charaktereigenschaft des Königs selbst: Seine Überheblichkeit, seine Hybris, habe ihm nicht nur die Fähigkeit zum kühlen Abwägen seiner Chancen genommen, viel schlimmer sei, daß er durch den Entschluß, Asien zu verlassen und Europa zu erobern, gegen die von den Göttern festgelegte Weltordnung verstoßen habe. Die Strafe für diesen Frevel konnte nicht ausbleiben, und so muß Atossa die schmerzlichste Niederlage der Perser verkraften. Nach Aischylos kommt Athen dabei eine wesentliche Rolle zu: „O weh" – so der Bote der Schreckensnachricht –, „gedenke ich Athens, wie muß ich

Griechische Vasenmalerei (um 560/550 v. Chr.). In der oberen Hälfte ist ein Kriegsschiff mit Kriegern, Ruderern und Steuermann zu sehen, darunter ein Zweikampf.

Zu den bekanntesten Gestalten der griechischen Mythologie gehört der thebanische Königssohn Ödipus. Auf der Vasenmalerei ist zu sehen, wie er das Rätsel der Sphinx löst und damit Theben aus ihrer Gewalt befreit.

stöhnen". Und der Chor ergänzt die Klage: „Athen, ja furchtbar den Feinden! / ich muß jetzt ewig seiner gedenken: / so viele persische Frauen hat es – für nichts / der Söhne und Gatten beraubt."

Warum aber interessiert sich Aischylos so für die Perser? Offensichtlich will er an ihnen ein allgemein menschliches Problem durchspielen, von dem die Athener zwar im historischen Kontext der Perserkriege selbst nicht betroffen waren, das aber in den 470er Jahren auch für sie brisant wurde: Athen war auf dem Weg zu einer Supermacht im Kleinformat, die Athener Feldherren und Politiker waren daher wie der große Xerxes nicht vor der Gefahr der Selbstüberschätzung und des Hochmuts gefeit.

Wie recht Aischylos hatte, zeigte sich rund 30 Jahre später. Im Überschwang ihrer Siege hatten die Athener eine militärische Expedition nach Ägypten gewagt, um dem einheimischen König gegen die persischen Besatzer zu helfen. Sie begingen damit aus der Sicht des Aischylos den gleichen Fehler wie einst der Perserkönig: In ihrer Hybris durchbrachen sie die von den Göttern gesetzten Schranken zwischen Europa und Asien bzw. Libyen (Afrika). Es kam, wie es kommen mußte: Wie einst Salamis für die Perser, wurde jetzt das Nildelta für die Athener zum Ort der Katastrophe: 150 Trieren wurden zerstört, 20 000 Athener und Bundesgenossen fielen oder gerieten in Gefangenschaft.

Aischylos hat dieses Desaster – die erste Niederlage Athens gegen die Perser seit Salamis – nicht mehr erlebt; er starb ein Jahr zuvor auf Sizilien. Auch wenn spätere Flottenexpeditionen nach Zypern einige Erfolge brachten, der Höhenflug der Athener war beendet, Persien unangreifbar und die Griechen auf Europa verwiesen. Soweit behielt Aischylos recht. Aber es kam noch schlimmer. 447 mußten die Athener eine Niederlage gegen die Böoter in Mittelgriechenland hinnehmen, die in Attika anrückenden Spartaner konnten sie nur mit Bestechungen zum Abzug bewegen. Die Stimmung sank auf einen Tiefpunkt. Die Athener fielen von der einsamen Höhe ihres Erfolgs in die Tiefen einer existenzbedrohenden Niederlagenserie.

Sie haben auch diesen Schock verarbeitet. Es ist wohl kein Zufall, daß Perikles just im Jahr der Niederlage Athens gegen die Böoter und sieben Jahre nach der Katastrophe im Nildelta den Bau des Parthenon durchsetzte. Wollte er seinen Mitbürgern neues Selbstbewußtsein verschaffen und den Bundesgenossen die ungebrochene Finanzkraft Athens demonstrieren? Die mentale Aufbauarbeit auf einer anderen Ebene übernahm erneut die Tragödie. Um 434 brachte Sophokles sein Stück „Oidipos Tyrannos" auf die Bühne. Die Geschichte des strahlenden Königs von Theben, der unwissend seinen Vater erschlug und seine Mutter heiratete und sich am Ende durch Selbstblendung kasteite, kannte jeder Athener auswendig; für sie zählten keine Einzelheiten, sondern das dem Stück zugrundeliegende Grundproblem: der Fall eines allzu selbstsicheren Helden, dessen Intelligenz das Rätsel der Sphinx gelöst hatte, von der absoluten Höhe in die totale Verzweiflung. So konnte es jedem Menschen geschehen: Wenn die Intelligenz nicht vor fatalen Fehlern schützte, sondern dem Menschen mitunter sogar

Porträtbüste des griechischen Tragödiendichters Sophokles (496–406/05 v. Chr.), zu dessen berühmtesten Werken seine Bearbeitungen des Ödipus-Stoffes gehören.

Scheuklappen anlegte, dann galt diese Gefahr für die Athener im besonderen, da sie nach eigener Auffassung für das Funktionieren ihrer anspruchsvollen Verfassung und der komplizierten äußeren Herrschaft ein hohes Maß menschlicher Intelligenz benötigten.

Ähnliche Warnungen hatte Sophokles bereits 442 mit seinem Stück „Antigone" ausgesprochen. Damals berührte die Problematik aber nicht die außenpolitische Sphäre, sondern das innere Verhältnis zwischen Mensch und Polis. Sophokles griff eine Geschichte aus dem thebanischen Sagenkreis auf: Eteokles und Polyneikes, die beiden Söhne des Ödipus, kämpfen gegeneinander um Theben. Beide fallen, Eteokles als Verteidiger der Stadt gegen den angreifenden Polyneikes. Ihr Onkel Kreon, der neue Herrscher über Theben, läßt nur Eteokles begraben, sein Bruder wird als Aggressor unbestattet vor den Toren der Stadt den wilden Tieren überlassen. Dem widersetzt sich Antigone, die Schwester der beiden Toten, die das göttliche Gebot einer ordentlichen Bestattung für wichtiger hält als ein staatliches Verbot. Der Zuschauer bemerkt sofort: Hier prallen zwei grundsätzliche und in ihrer unerbittlichen Konsequenz scheinbar unversöhnliche Lebensauffassungen aufeinander: kalte Staatsraison (Kreon) und menschliches Gewissen angesichts göttlicher Gebote (Antigone). Tatsächlich wird es in der Atmosphäre des demokratischen Athen ähnliche, freilich weniger dramatische Auseinandersetzungen gegeben haben, und dies sicherlich viel häufiger als in einer Polis wie Sparta oder Korinth, wo die straffe adlige Führung derartige Konflikte gar nicht aufkommen ließ.

Das erstaunlichste aber ist: Anders als Aischylos weiß Sophokles so recht keine Antwort auf das Dilemma. Vermutlich war für Sophokles die Problematik unauflösbar, aber immerhin in ihren Auswirkungen dann begrenzbar, wenn die Menschen ihre unterschiedlichen Auffassungen von der Welt und ihren Pflichten nicht auf die Spitze trieben. Gerade weil der Mensch wie kein anderes Lebewesen zu weitreichenden Entschlüssen und Handlungen in der Lage sei, solle er seine Entscheidungen reflektieren, bevor er sie kompromißlos in die Tat umsetze.

Die Stunde der Philosophie

So tiefsinnig diese Botschaft ist – auch sie befriedigt nicht wirklich. Gibt es kein Maß und keine sichere Instanz, an die sich der Mensch halten kann, wenn er im Zweifel und in Sorge über mögliche Risiken seiner Handlungen ist? Euripides, der letzte der drei Tragiker, hat genau diese Fragen behandelt und die Zuhörer meist ratlos zurückgelassen. Noch ratloser wurden sie, als alle Selbstreflexion die sich häufenden militärischen Niederlagen ihrer Admiräle nicht verhindern konnte und die Stadt im Jahr 403 gegenüber dem ewigen Rivalen Sparta kapitulieren mußte. Die Wut der Athener richtete sich jetzt gegen die Sophisten, die ihnen hatten weismachen wollen, daß der Mensch im Vertrauen auf seine Fähigkeiten Berge versetzen könne und im großen Spiel der Außenpolitik nur die nackte Gewalt zähle. Aber auch die Antworten der Geschichtsschreibung verfingen nicht mehr: Herodot meinte, der Freiheitswille der

Der Philosoph Platon (427–347 v. Chr.) gründete im Park des Heros Akademos eine eigene Schule – von ihr leitet sich unser Begriff „Akademie" ab.

Athener hätte die Siege über die Perser ermöglicht; warum mußte man sich jetzt aber den Spartanern beugen, deren Staat viel schwächer war als die Perser und weniger Freiheitsmerkmale aufwies als die Demokratie der Athener?

In diesem Zustand allgemeiner Unsicherheit richtete sich das Interesse verstärkt auf einen Mann, dessen Äußeres so gar nicht dem Ideal des Erfolgreichen entsprach, der aber gerade dadurch große Wirkung zumal bei der Jugend erzielte: Sokrates. Seine Knollennase, der häßliche Schädel und der entenartige Watschelgang waren eine Zielscheibe des Spotts. Doch dies störte den Mann nicht. Sein Auftreten war von einer Eigenschaft geprägt, die die Griechen *autharkeia* nannten: unabhängig von äußerem Beifall mit einem klaren Konzept einem selbstgesteckten Ziel folgen. Der revolutionäre Rat des Sokrates für die verunsicherten Athener lautete: Der Mensch solle sich nicht von kurzfristigen äußeren Erfolgen blenden lassen, sondern müsse sich darüber klarwerden, was gut und was schlecht sei; um richtige Entscheidungen treffen zu können, müsse man – jenseits der alltäglichen und konkreten Güter sowie religiöser Zwänge – den Kern der Dinge erkennen. Sokrates demonstrierte dies durch eine besondere Art des Dialogs, der zunächst das Scheinwissen des Gesprächspartners bloßstellte, um ihn dann – gewissermaßen gereinigt – zur wahren Erkenntnis zu führen.

Für viele Athener war diese neue Art des Fragens und Antwortens in der Zeit nach der Niederlage gegen Sparta zu radikal, und Sokrates tat wenig, um das provozierende Potential seiner Thesen zu mildern. So verurteilten ihn die Athener zum Tod. Verstanden hatten sein Anliegen offenkundig nur wenige. Zu ihnen gehörte sein Schüler Platon. Er erkannte in Sokrates den Schöpfer der Ethik und entwickelte dessen Gedanken weiter zu dem großen System der vier Kardinaltugenden. Sie setzen eine Vollkommenheit voraus, die es Sokrates zufolge in der Realität nicht gab. Platon jedoch machte diese Vollkommenheit zum Richtmaß des menschlichen Lebens. Jede Seele habe vor der Geburt Anteil an ihr; es gehe nun darum, die Erinnerung der Seele durch konsequente Unterweisung des Menschen wieder wachzurufen und den Menschen durch Reflexion auf sein wahres Wesen zurückzuverweisen.

Zu diesem Zweck gründete Platon in einem Park des Heros „Akademos" eine eigene Schule, von der unser Begriff Akademie abgeleitet ist. Dies geschah zu einer Zeit, als Athen sich längst von der Niederlage gegen Sparta erholt hatte, die Demokratie wiederhergestellt und der Piräus als Welthafen etabliert war. Wie nun erneut fremde Händler und Künstler aus aller Herren Länder in den Hafen strömten, so kamen Schüler aus aller Welt in die Akademie, um unentgeltlich den Unterweisungen des Meisters zu lauschen. Sie genossen eine breite Fachbildung, die sie befähigen sollte, nach den Vorstellungen des Sokrates ein erfolgreiches und glückliches Leben zu führen. Die Götter spielten dabei eine untergeordnete Rolle und waren ihrer traditionellen menschlichen Gestalt entkleidet; sie waren vielmehr eine immaterielle Kraft, die über der realen Welt stand; Platons berühmtester Schüler Aristoteles nannte diese göttliche Kraft den unbewegten Beweger.

Das Erbe Athens

Platon hatte damit die Forderung der Sophisten nach allseitiger Belehrung des Menschen auf einen ethischen Gehalt konzentriert und in eine neue Weltsicht eingebunden. Diese Welt zu erkunden und die Bildung des Menschen an ethischen Konzepten zu orientieren, war die zeitlose Botschaft, die am Ende des großen Zeitalters Athens steht. Sie war wohl nur hier möglich – in einer Metropole, in der Selbstbewußtsein und Selbstzweifel zu Selbstreflexion führten und die Fähigkeit schufen, die Welt immer wieder radikal in Frage zu stellen. Dies ist die entscheidende Hinterlassenschaft Athens, nicht ihre Demokratie, die sich von der modernen Demokratie stärker unterscheidet als von den oligarchischen Verfassungen der Antike.

Die Fähigkeit des sich selbst reflektierenden Räsonnements konnte allerdings nie den Stolz der Athener auf ihre Stadt schmälern. Die Gewißheit, Hort der Künste zu sein, half über die bittersten militärischen Niederlagen und den äußeren Machtverlust hinweg. Tatsächlich bot die Stadt den Gründern der großen Philosophenschulen des Hellenismus selbst dann noch ihnen genehme Wirkungsstätten, als sie machtpolitisch vom Zentrum der griechischen Welt an den Rand gedrängt war. Wie eh und je kamen die Philosophen allerdings nicht aus der Stadt selbst – Epikur etwa war in Samos geboren, Zenon auf Zypern –, sondern aus der Ferne. So erklärt sich vielleicht auch, weshalb von den vielen Künsten und Wissenschaften erstaunlicherweise nur die Geographie nie in Athen richtig heimisch wurde: Wer überzeugt ist, das kulturelle Zentrum der Welt zu sein und diese ständig zu Besuch hat, kümmert sich nicht um die Ferne, sondern um die Pflege des Eigenen.

Immerhin eröffnet der in seiner Form einmalige kulturelle Anspruch Athens bis heute zukunftweisende Perspektiven, weil er nicht nur aus strahlenden Erfolgen, sondern auch aus selbstverschuldeten Niederlagen geboren wurde. So ist es nicht verwunderlich, daß optimistische Politiker den ausgemergelten und desorientierten Deutschen im Jahr 1946

Die Athena-Statue ist eine römische Kopie der berühmten Skulptur des Bildhauers Phidias im Parthenon.

Die Eule (hier auf einer Münze des 6. Jahrhunderts v. Chr.) war das Symbol der Göttin Athena. Schon in der Antike kam die Redewendung „Eulen nach Athen tragen" für eine unsinnige Tätigkeit auf.

vorschlugen, im Herzen des europäischen Kontinents eine neue Schule von Athen zu gründen; als geeignete Orte erschienen ihnen unter anderem Sonthofen oder Prora an der Binzer Bucht in Rügen.

Jenseits dieser skurrilen Ideen lebt Athen weiter in fast allen Teilen der Welt, und zwar nicht nur als oberflächliche Chiffre westlicher Zivilisation oder als Anziehungspunkt kulturbeflissener Touristen. Die großen Tragödien Athens sind heute auf den Bühnen der Welt präsenter als im 19. Jahrhundert, und die innovativsten Inszenierungen stammen inzwischen aus Japan. Kein moderner Philosoph, der sich nicht in irgendeiner Form auf Platon bezieht oder sich mit ihm auseinandersetzte. Keine wissenschaftliche Akademie, die sich nicht ihres geistigen Ursprungsortes bewußt wäre. Auf Schritt und Tritt begleitet auch der Parthenon den modernen Bürger – spätestens dann, wenn er in einer der westlichen Hauptstädte die Fassaden der Nationaltheater und Großbanken bestaunt. So war es denn nur folgerichtig, daß der Europäische Rat Athen 1985 zur ersten Kulturhauptstadt Europas erklärte.

Dennoch: Das Athener Erbe besitzt eine Zwiespältigkeit, die dem Westen wenig Anlaß bietet zur behaglichen Selbstzufriedenheit: Athena lächelt nicht nur als holde Kulturgöttin durch die Zeiten, sondern beschützt ihre Stadt auch – anders als der lichtvolle Apollon – im schweren Kriegsornat und mit goldverzierter Lanze. Die Idee einer martialischen Seemacht, die Athen entwickelte, übt bis heute eine ungebrochene Faszination gerade auf die Staaten aus, die sich gegenüber dem Rest der Welt als Vorreiter von Demokratie und Kultur verstehen – wie sich einst Athen als „Schule von Hellas" verstand. Ob sie auch die Athener Kunst der Selbstreflexion erfaßt, bleibt abzuwarten.

Prof. Dr. Raimund Schulz
geb. 1962, lehrt Alte Geschichte an der Technischen Universität Berlin und an der Universität Hildesheim. 2003 veröffentlichte er „Athen und Sparta" (Geschichte kompakt, 2. Auflage 2005), 2005 „Die Antike und das Meer".

Die Gründung Alexanders

Hans-Joachim Gehrke

Alexandria: Metropole im östlichen Mittelmeer

Alexander der Große wollte sich nicht nur in den Bahnen der ägyptischen Tradition bewegen, sondern setzte ein Zeichen, indem er eine Stadt seines Namens gründete – eine Stadt, die sich an den seinerzeit modernsten Grundsätzen orientierte und in der Antike bald zu den wichtigsten Metropolen zählte.

Näherte man sich zur Zeit des Kaisers Augustus (27 v. Chr – 14 n. Chr.) der Stadt Alexandria vom Meer her, nahm man ihr Wahrzeichen selbst bei Nacht schon von weitem wahr: Auf einer kleinen, der Küste vorgelagerten Insel namens Pharos erhob sich in mehreren Stufen ein aus weißem Marmor errichteter gewaltiger Leuchtturm, der zu den sieben Weltwundern zählte. Er war den Schutzgottheiten der Seefahrer gewidmet, in erster Linie Zeus, dem Retter (*Soter*), man konnte aber auch an die Kabiren und die Dioskuren denken und selbst an den Begründer der hellenistischen Dynastie Ägyptens, Ptolemaios I., den man ebenfalls Soter nannte – in der Welt des Polytheismus war man da nicht festgelegt. Jedenfalls krönte eine Statue des rettenden Zeus den Leuchtturm, der auch die Einfahrt in den Hafen von Alexandria erleichterte. Sie war gefährlich wegen der steifen Nordwinde und der Strömung von Westen, vor allem aber wegen der Untiefen – etwa Klippen mit den sprechenden Namen „die Versteckte" oder „der Stier". Auch das weit vorspringende Kap Lochias verengte den Zugang. War man freilich in den Hafen gelangt, genoß man Schutz vor Wind und Wetter. Die schmale Einfahrt ließ sich sogar durch eine große Kette gegen Angreifer verschließen.

Errichtet wurde der aufwendige Turm um die 70er Jahre des 3. Jahrhunderts v. Chr. von einem Privatmann, Sostratos aus Knidos. Er war ein reicher griechischer Polisbürger und zugleich hochrangiger Funktionär der Ptolemäer, der sich hier als Wohltäter und loyaler Freund der Dynastie zeigte – eine in hellenistischer Zeit charakteristische Verhaltensweise. Auf der Insel gab es noch kleinere Heiligtümer, so ein Heroon (Grabdenkmal eines Heros) des

Stadtansicht von Alexandria. Byzantinisches Mosaik aus dem 6. Jahrhundert in der Johanneskirche von Gerasa (Jordanien).

Auf dieser römischen Münze ist die Insel Pharos mit dem berühmten Leuchtturm zu sehen. Rechts ein Schiff mit geblähtem Segel.

Proteus und einen Tempel der Isis Pharia; auch lebte dort eine ansehnliche Bevölkerung, bis es während Caesars Aufenthalt 48 v. Chr. zu Verwüstungen kam.

Die Anlage des technischen Meisterwerks verdeutlicht zweierlei: Stadt und Hafen waren von der Lage her begünstigt, sofern eine entsprechende Infrastruktur die natürlichen Vorteile ergänzte. Und die Planung mußte von vornherein die spätere Gesamtanlage vor Augen haben, auch wenn vieles – etwa die Mauern – naturgemäß erst nach dem Tod Alexanders realisiert wurde.

Dies bringt uns zur Gründung der Stadt. Nach dem Sieg über den persischen Großkönig Dareios III. bei Issos (333 v. Chr.) brachte Alexander zunächst die Levanteküste unter seine Kontrolle und zog dann nach Ägypten. Dort, wo man die persische Herrschaft nie wirklich akzeptiert hatte, zeigte er sich besonders rücksichtsvoll gegenüber den einheimischen religiösen Traditionen und fand deshalb weithin Akzeptanz. Er wurde zum Pharao gekrönt.

331 nahm er die Gründung Alexandrias in Angriff. Dabei zeigte er einen klaren Blick für das Potential des Orts: das günstige Klima, die geschützte Bucht, den relativ flachen Küstenstreifen, der zum Festland leicht anstieg. Dieses bildete eine schmale und folglich schwer einzunehmende Landzunge zwischen dem Meer und dem See Mareotis. Über den See war eine Verbindung zum Nil, der Lebens- und Verkehrsader Ägyptens, möglich, so daß hier geradezu ein Scharnier zwischen Mittelmeer und Nilland entstehen konnte, zwischen der griechisch-makedonischen Welt und dem reichen und bewunderten Ägypten. Kurzum: Hier konnte sich Alexander einen Namen machen. In für ihn typischer Weise vereinigte sich dabei Rationalität mit dem Drang nach Verewigung. Ersteres zeigte sich vor allem in der Planung, bei der Alexander sich von zwei erstklassigen Spezialisten beraten ließ: Kleomenes von Naukratis (einer Stadt im Nildelta) und Deinokrates von Rhodos, einem bedeutenden Architekten und Stadtplaner.

Zunächst ging es darum, die vorhandenen Möglichkeiten zu nutzen, vor allem das Festland durch eine künstliche Mole mit Pharos zu verbinden. Die Mole diente zugleich als Brücke und wurde mit einer Wasserleitung versehen; nach ihrer Länge (sieben Stadien, knapp 1,5 Kilometer) hieß sie Heptastadion. Sie trennte die Bucht in zwei Häfen und hielt zudem die starke Strömung aus Westen von dem östlichen „Großen Hafen" ab. Vom Westhafen aus plante man einen Kanal in den Mareotis-See, der die Verbindung ins Landesinnere sicherstellte.

Die Stadt legte man in einem schachbrettartigen Grundmuster an, das der arabische Autor Abu al-Fida noch im 14. Jahrhundert erkannte. Die großzügigen Straßen waren zu Pferd bzw. mit dem Gespann passierbar. Zwei Prachtstraßen, die vor allem repräsentativen Zwecken dienten, waren über 30 Meter breit; sie kreuzten sich an einem zentralen Punkt, den man wohl nach Alexander benannte. Die etwa sechs Kilometer lange „Kanopische Straße" reichte vom West- zum Osttor (nach dem Ort, zu dem es führte, hieß es auch das Kanopische) und spielte etwa bei Prozessionen eine Rolle; sie war, jedenfalls in späterer Zeit, von Granitsäulen gerahmt (einige waren noch zur Zeit von Napoleons Ägypten-Expedition sichtbar) und bot einen überwältigenden Anblick. Die von Nord nach Süd führende Straße war zwischen 1,3 und zwei Kilometer lang.

Die Stadt war in fünf Stadtteile gegliedert, die man mit den ersten fünf Buchstaben des Alphabets benannte. Ob Alexander sie als eine seiner Hauptstädte plante, ist ungewiß, doch war ihre Planung auf Monumentalität angelegt. Daß sie etwas Außergewöhnliches sein sollte, kam auch darin zum Ausdruck, daß Alexander hier ein Heroon für seinen engsten Freund Hephaistion anlegen lassen wollte.

Ein Gang durch die Stadt zur Zeit des Augustus

Der Große Hafen bot ein faszinierendes Bild. Von Kap Lochias aus erstreckte sich zur linken Hand hinter der Einfahrt der riesige Palastkomplex, der über einen eigenen, nach außen abgeschlossenen Hafen verfügte. Der Hafenbereich war durch (heute versunkene) kleine Vorgebirge, die in der Regel künstlich ausgebaut waren, natürlich gegliedert.

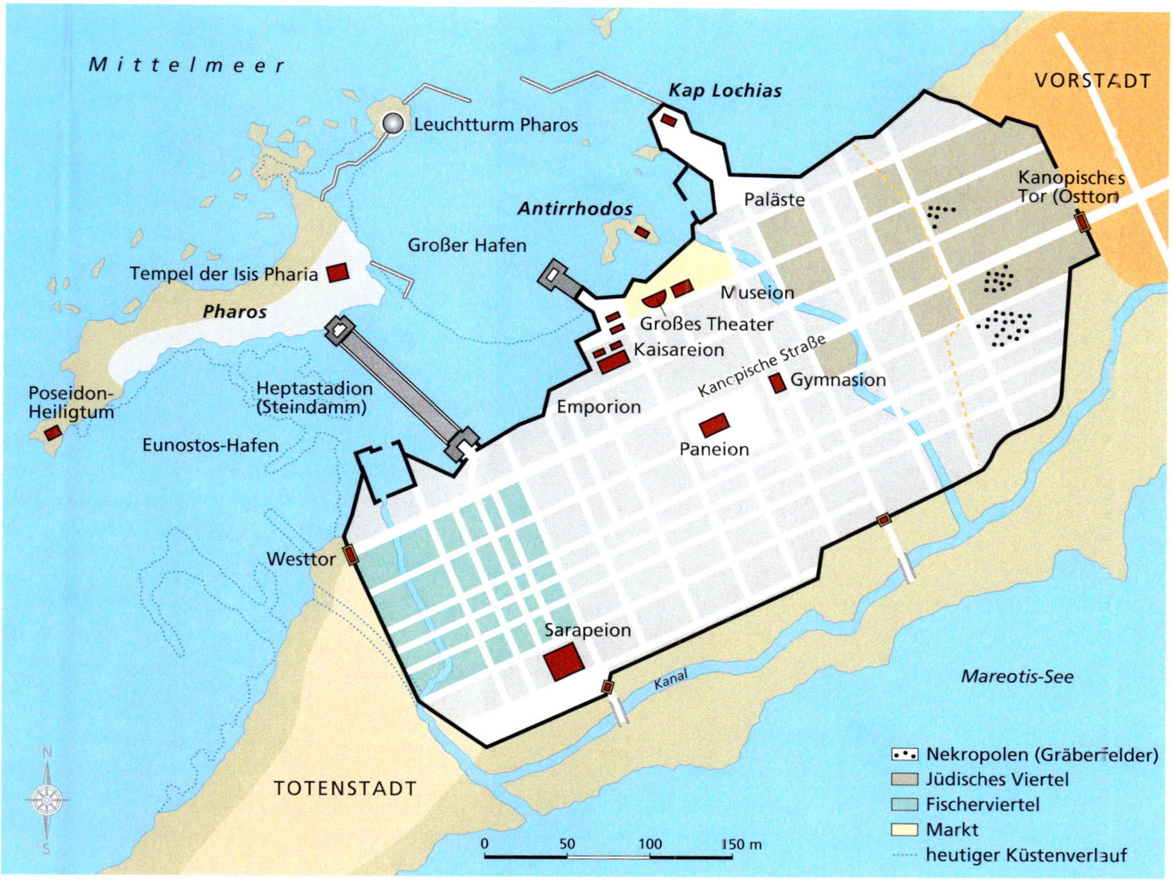

Auf einem befand sich ein Poseidon-Heiligtum; von hier aus hatte sich Marcus Antonius 31 v. Chr., nach seiner Niederlage bei Actium, in Richtung Hafenmitte einen Zugang zu einem Ort errichten lassen, den er nach einem sprichwörtlichen Eigenbrötler Timoneion nannte.

An der Verbindung des Poseidon-Kaps mit dem Festland begann der eigentliche Handelshafen (Emporion). Hier haben wir uns Hafenbecken mit Kais und Molen, Magazinen und Stapelplätzen vorzustellen, ein Gewimmel von Schiffen und Segeln, ein Gewusel von Menschen und Tieren sowie Gebäude für Verkauf, Verzollung und Lagerung. Weiter westlich kamen Werften und Schiffshäuser, die teilweise wohl auch die Kriegsmarine nutzte. Daran schloß sich das erwähnte Heptastadion an, das zwei Durchlässe hatte; einen Diolkos (auf dem man Schiffe über die Mole ziehen konnte) errichtete man wohl später, als die Durchlässe vernachlässigt wurden und versandeten. Ein Teil des westlichen Hafens Eunostos war künstlich ins Festland eingetieft. Auch in diesem separaten Teil gab es Schiffshäuser, er dürfte daher militärischen Zwecken gedient haben. Hier mündete auch der in Richtung Mareotis führende Kanal.

Vom Haupthafen aus wurde der Blick neben den Palastanlagen vom Großen Theater gefangengenommen, das auf einer leichten Erhebung unweit der Küste lag und wie eine Burg wirkte, sowie vom Kaisareion, einem riesigen Heiligtum. Vermutlich hatte Kleopatra es zu Ehren Caesars begonnen, vollendet wurde es unter Augustus. Der Kaiser wurde hier nicht zuletzt als Schützer der Seefahrer verehrt. Es handelte sich um einen großartig ausgestatteten Gebäudekomplex mit „Säulenhallen, Bibliotheken, Banketträumen, Parks, Toranlagen, Sälen und Plätzen“, wie Philon von Alexandria schreibt. Als besonderen Schmuck stellte man davor 13 v. Chr. zwei Obelisken aus Heliopolis (nordöstlich des heutigen Kairo) auf; noch im 19. Jahrhundert befanden sie sich vor Ort, dann gelangten die sogenannten Nadeln der Kleopatra als Geschenke nach London bzw. New York, wo sie heute das Ufer der Themse und den Central Park zieren.

Die Paläste nahmen etwa ein Viertel bis ein Drittel der Stadtfläche ein. Ihre Anlage begann unter Ptolemaios I. in Gestalt eines befestigten Platzes am Kap Lochias. Der Kern war also eine Zitadelle, die mit Mauern und Toren ausgestattet war und in deren Innerem sich ein Gefängnis befand. Generell

Nach seinem Sieg gegen den persischen König Dareios I. in der Schlacht von Issos 333 v. Chr. zog Alexander der Große weiter nach Ägypten, wo er zum Pharao (zeitgenössische Skulptur) gekrönt wurde – ein Zeichen für die Anpassung an ägyptische Vorbilder. 331 v. Chr. gründete er Alexandria.

muß man bei dem Palastbezirk zwischen einem engeren und einem weiteren Bereich unterscheiden. Im „inneren“ (von späteren Herrschern erweiterten und ausgestalteten) Teil befanden sich die Räumlichkeiten der Könige. Von „Aufenthaltsräumen“ und „Parks“ berichtet Strabon. Man hat sich das Ensemble als locker bebauten Komplex vorzustellen, vergleichbar dem Topkapı-Serail in Istanbul. Es gab auch verschiedene Schreine und Tempelanlagen und sogar einen Zoo. Die Öffentlichkeit war zugelassen, vor allem zu Kulthandlungen. Dabei ließen die Könige ihren Prunk und ihren Reichtum angemessen bewundern.

Zu den besonderen Charakteristika der Palastanlagen gehörte das Grab Alexanders als Herzstück der Grablege der ptolemäischen Könige. Die würdige Bestattung des Vorgängers war erstrangige Pflicht jedes neuen Königs und ein wesentliches Zeichen für die Legitimität seiner Nachfolge. Die Integration der Gräber und insbesondere des Leichnams des großen Königs in den Palastbezirk verkörperte also die königliche Gewalt und legitimierte eine ursprünglich usurpierte Monarchie. Wie bedeutsam dies war, zeigen die teils militärisch ausgetragenen Auseinandersetzungen um die sterblichen Überreste Alexanders. Der nach Alexanders Tod zunächst als Satrap (Gouverneur) Ägyptens eingesetzte Ptolemaios brachte sie 321 an sich und ließ sie zunächst in Memphis, der traditionellen Hauptstadt Unterägyptens, beisetzen. Im Zusammenhang mit dem Ausbau des Palasts und der Etablierung seiner eigenen Monarchie ließ er sie nach Alexandria überführen und manifestierte seine Sorge um die „große Leiche“ auch baulich, was nicht unwesentlich zur Legitimierung der Monarchie beitrug. Als unter Ptolemaios IV. (222 – 204) die Gräber der bisherigen Herrscher und das Alexanders zu einem Grabkomplex – vermutlich in pyramidaler Gestalt, also wenigstens äußerlich an ägyptischen Vorbildern orientiert – zusammengefaßt wurden, verband sich damit noch die Vorstellung von Dauer und Kontinuität. Soweit sich römische Potentaten an Alexander orientierten, blieb sein Sarg auch später noch Ziel manchen „Pilgerns“.

Zum Palast gehörte ferner ein Museion: ein Gebäudekomplex mit einem Musenheiligtum, Säulen- und Wandelhallen und einer Bibliothek – ein Platz für Denker nach dem Vorbild der athenischen Philosophenschulen. Gelehrsamkeit und Kunst zu fördern, gehörte wesentlich zur Selbstdarstellung der Herrscher und förderte ihr Ansehen. Zudem konnten die Gelehrten der Ausbildung künftiger Könige dienen (Ptolemaios hatte das selbst erfahren, als er gemeinsam mit Alexander unter anderem durch Aristoteles erzogen worden war) sowie das Hofleben mit Geist und Eleganz bereichern. Das Museion wirkte als Magnet: Die besten Philosophen und Schriftsteller fühlten sich angezogen. Großzügig unterstützt und mit einer auf Vollständigkeit angelegten Bibliothek ausgestattet, bildete sich so ein Zirkel von Intellektuellen, der seinesgleichen suchte. Sie verstanden sich als Avantgarde und pflegten eine gelehrte Poesie. Nicht nur ihre literarischen Leistungen waren beachtlich, sondern auch ihre Beiträge zur Philologie. Weitere Wissenschaften wie etwa Geographie und Astronomie kamen hinzu. Auch auf dem Gebiet der Technik und der Medizin wurde Alexandria das bedeutendste Zentrum der antiken Welt.

Zum weiteren Palastbereich zählten zwei monumentale Anlagen, die besonders für den Umgang des Herrschers mit der hauptstädtischen Bevölkerung relevant waren, denn sie faßten große Massen, weit über, vielleicht sogar mehrere zehntausend Menschen: das Große Theater und das Stadion, das nicht nur dem Sport diente. Innerhalb des Stadtgebiets fielen vor allem die zahllosen Heiligtümer, Tempel und Kultstätten, auf. Nach einer im 12. Jahrhundert verfaßten Chronik, die aber in dem hier interessierenden Abschnitt wohl den Zustand um 350 n. Chr. reflektiert, ist von 2478 Kultplätzen die Rede.

Ganz im Südwesten der Stadt lag markant auf einem Hügel das Sarapeion, das wichtigste Heiligtum des Gottes Sarapis. Er war in gewisser Weise eine Kunstschöpfung der frühen Ptolemäer. Sie kombinierten eine Göttergestalt, die bei den Ägyptern den Stiergott Apis mit dem Isis-Gemahl Osiris vereinte und in Memphis besondere Verehrung genoß, mit dem griechisch-makedonischen Zeus. Der Gott sprach die verschiedensten Bevölkerungsgruppen an und war als Beschützer eng mit der Herrscherdynastie verbunden. Verehrt wurden auch Isis und Harpokrates, also Frau und Sohn des Sarapis. Als der Gott in der Kaiserzeit zunehmend an Beliebtheit gewann, wurde das Heiligtum in monumentaler Form neu errichtet und unter anderem mit Porphyr prächtig ausgestattet. Je

Im Jahr 391 ließ Kaiser Theodosius das Sarapeion, den Haupttempel des Gottes Sarapis in Alexandria, zerstören. Zu sehen ist heute nur noch eine rund 25 Meter hohe Säule, die 297 zu Ehren Kaiser Diokletians errichtet worden ist.

Marmorbüste des Gottes Sarapis, gefunden im Sarapeion von Alexandria. Auf seinem Kopf trägt er ein Getreidemaß als Symbol der Fruchtbarkeit.

mehr sich henotheistische Tendenzen (die besondere Verehrung einzelner Gottheiten vor anderen) ausbreiteten, desto bedeutsamer wurden der Kult und das Kultzentrum des Sarapis, das schließlich das wichtigste nicht-christliche Heiligtum der Stadt bildete.

Näher zum Zentrum lag das Paneion, ein eigenwilliges Heiligtum für den Hirtengott Pan. Mit ihm war gleichsam die wilde Landschaft, für die Pan stand, in den städtischen Raum hineingenommen, wenn auch auf artifizielle Weise: Der Tempel lag auf einem künstlich errichteten Felsen und war über einen schneckenförmigen Aufgang zu erreichen. Auch die Pan-Verehrung hatte eine politische Komponente, denn der unberechenbare, gelegentlich durch sein Erscheinen „panischen" Schrecken hervorrufende Naturgott galt auch als Helfer in der Schlacht. Das Arsinoeion, in der Hafengegend gelegen und Arsinoe, der Gemahlin König Ptolemaios' II. (283 – 246), gewidmet, bestach durch eine Kultstatue, die sich dank eines Magneten im Schwebezustand befunden haben soll. Ein wichtiges Heiligtum hatte die im Hellenismus besonders verehrte Zufalls- und Schicksalsgöttin Tyche. Auch im Tychaion gab es Bezüge zur Dynastie: Im Zentrum der kreisförmigen Anlage war dargestellt, wie Tyche die Erdgöttin Ge bekränzt, die ihrerseits Alexander einen Siegeskranz aufsetzt; nahebei hatte man die Statuen ptolemäischer Herrscher aufgestellt.

Unter den jüdischen Kultstätten nahm die Große Synagoge einen besonderen Rang ein. Mit der von einer doppelten Säulenreihe umgebenen Halle war sie monumental ausgestattet. Sogar im Talmud wird ihrer noch gedacht, obwohl sie während der antijüdischen Unruhen in der Zeit Kaiser Trajans (98 – 117) zerstört wurde. Die kleine Auswahl markanter Komplexe mag verdeutlichen, wie sehr das Stadtbild durch religiöse Architektur geprägt war, aber auch, daß an vielen Orten und zu vielen Gelegenheiten die verschiedensten religiösen Zeremonien stattfanden.

Der Philosoph, Historiker und Geograph Strabon, der in den 20er Jahren des 1. Jahrhunderts v. Chr. einige Zeit in Alexandria verbrachte und unser wichtigster Gewährsmann für die Anlage und die Topographie der Stadt ist, hebt auch die Zahl der öffentlichen Bauten hervor. Besondere Aufmerksamkeit schenkt er dem an der Kanopischen Straße gelegenen Gymnasion, „das Säulenhallen hat, die mehr als ein Stadion [etwa 190 Meter] lang sind", ferner den Gerichtsgebäuden und Parks. Vor allem gab es – das war bereits bei der Planung festgelegt worden – eine Agora, den großen Zentralplatz jeder griechischen Stadt, den wir freilich nicht lokalisieren können. Hier werden sich Gebäude für den Stadtrat sowie für die verschiedenen Amtsträger befunden haben. Ein weiterer Marktplatz wurde unter Augustus angelegt und nach ihm benannt. Daneben existierten weitere kleinere Gymnasien und Theater.

Außerhalb der Stadt befanden sich, wie in der Antike üblich, die Friedhöfe. Im Westen lag die Totenstadt der Ägypter, in der nach ägyptischer Tradition bestattet wurden, die nicht-ägyptische Bevölkerung hatte ihre Nekropolen im Osten. Östlich des Kanopischen Tores stand auch das Hippodrom, die größte Sportanlage und zugleich ein Ort besonderer Kommunikation innerhalb der Bevölkerung wie mit den Herrschern. Noch weiter östlich, knapp sechs Kilometer vor den Mauern, ließ Augustus am Ort seines letzten Sieges über Marcus Antonius (30 v. Chr.) eine „Siegesstadt" samt Stadion und Amphitheater anlegen: Nikopolis. Hier wurden alle vier

Jahre Wettkämpfe und Spiele zur Erinnerung an diesen Erfolg gefeiert; zudem war hier die römische Garnison stationiert.

Alexandriner im engeren und im weiteren Sinn

Die Bevölkerung von Alexandria kann man sich nicht bunt genug vorstellen, nach Herkunft, Schicht und Status. Den Kern bildete die griechische Polis, also die Bürgerschaft – Personen, die durch Geburt, Verleihung oder Naturalisierung das Bürgerrecht hatten. Mit derselben Rationalität, mit der der Raum gestaltet worden war, hatte man die neue Gemeinschaft im Sinn einer griechischen Bürgerschaft strukturiert, aber wiederum die lokalen Gegebenheiten berücksichtigt. Analog zu den fünf Stadtteilen war die Polisgemeinde zunächst in fünf Phylen unterteilt (sie wurden später nach Herrschern oder Göttern benannt), die ihrerseits in zwölf Demen zerfielen; diese bestanden aus je zwölf Phratrien. Insgesamt gab es also 720 Einheiten, die etwa kleineren Stadtvierteln oder Straßenzügen entsprachen.

Es gab die in einer Bürgergemeinde üblichen Institutionen, vor allem die Volksversammlung und den deren Arbeit koordinierenden Stadtrat. Möglicherweise existierte zusätzlich ein Ältestenrat, der vom König aber eher als Kontrollorgan eingesetzt war. Zusätzlich nennt Strabon verschiedene Amtsträger und öffentliche Funktionäre. Zu seiner Zeit hatte wohl schon eine Verquickung von bürgerlichen und monarchischen Ämtern stattgefunden: Offenbar übten die angeseheneren Personen, die für derartige Posten in Frage kamen, bald Ämter der Polis, bald solche der Krone aus; es gab zudem Funktionen, die zwischen beiden Bereichen vermittelten und mittels derer der König die Polis kontrollieren konnte.

Wie andere Poleis hatte auch Alexandria eigene Gesetze, die *politikoi nomoi*. Sie waren offensichtlich in Anlehnung an die Gesetze anderer griechischer Städte zusammengestellt worden und entwickelten sich dann weiter. Neben den königlichen Er-

Aus dem 2. Jahrhundert v. Chr. stammt diese Grabkammer. Auf dem Relief ist zu sehen, wie der für die Begräbnisriten verantwortliche Gott Anubis, assistiert von Horus und Toth, die Mumie des Verstorbenen einbalsamiert.

Von 304 v. Chr. bis zur römischen Eroberung beherrschten die ursprünglich aus Griechenland stammenden Ptolemäer Ägypten. Ihre Residenzstadt war Alexandria. Das Relief zeigt die Krönung Ptolemaios' VIII. 164 v. Chr.

lassen waren sie für die Rechtspflege, besonders im Zivilrecht, maßgebend. Hier lag auch die Haupttätigkeit der Verwaltung. Es gab Gerichtshöfe mit Vorsitzenden sowie Schiedsmänner und Aufsichtspersonal zur Wahrung der öffentlichen Ordnung. Angesichts der Bedeutung des Gymnasions war das Amt seines Vorstehers, des Gymnasiarchen, besonders wichtig.

Die so organisierten Bürger bildeten einen klar umrissenen Kreis, zu dem der Zutritt nicht einfach war. Er umfaßte keineswegs die gesamte freie Bevölkerung Alexandrias, vermutlich nicht einmal ihre Mehrheit. Gerade weil es sich um eine hellenistische Stadt handelte – zudem eine, die besondere Chancen bot! –, fand hier auch nach dem Gründungsakt und der Konstituierung der Bürgerschaft noch eine enorme Immigration statt, teils spontan, teils geplant. Aus aller Herren Länder strömten Menschen hierher: Griechen, Syrer, Juden, Phönizier, Perser, Karer, Makedonen und viele andere, vor allem natürlich auch Ägypter.

Dabei zeichnete sich schon bald eine Tendenz ab, die wir auch sonst in Ägypten beobachten können: Die meisten Immigranten, gleich welcher Herkunft, übernahmen innerhalb relativ kurzer Zeit den griechischen Lebensstil, die griechische Sprache und die griechische Bildung. Man spricht von Hellenisierung oder Selbsthellenisierung. Nur die Ägypter blieben eher für sich. In der Mitte des 1. Jahrhunderts v. Chr. zeichnete der griechische Historiker Polybios von den „Alexandrinern" folgendes Bild: „Wenn sie auch vermischt sind, sind sie dennoch vom Ursprung her Griechen und erinnern sich an die gemeinsame Sitte der Griechen." Wir können noch weiter gehen und sagen, daß dies nicht nur für die aus der griechischen Welt Eingewanderten galt, sondern für alle, die sich an der „gemeinsamen Sitte der Griechen" orientierten.

Doch waren beileibe nicht alle Einwohner Alexandrias Bürger in dem oben skizzierten Sinn. Vielmehr geben die Quellen hinreichende Anhaltspunkte dafür, daß es noch einen weiteren Begriff von Bürgern gab: Menschen, die man schlicht deswegen als „Alexandriner" bezeichnete, weil sie hier lebten und wie die Bürger eine spezifische Identität als Bewohner Alexandrias hatten. Das ist ungemein charakteristisch für diese Stadt. Ihre Sonderexistenz als Residenzstadt und als Scharnier zwischen Ägypten und dem Mittelmeer, ohne eigentliches ländliches Territorium (es sei denn, man ließe ganz Ägypten als solches gelten), hatte dazu geführt, daß ihre Bürger ein spezifisches Zugehörigkeitsgefühl ausbildeten. Dabei spielte auch die Größe der Stadt eine Rolle. Zur Zeit Strabons dürfte sie rund 500 000 Einwohner gehabt haben und war wohl die größte Stadt der Mittelmeerwelt, jedenfalls eine echte Metropole. Anders als die normale Polis, in der Regel eine aufs engste mit ihrem Umland verbundene Kleinstadt, war Alexandria eine genuine Großstadt.

Wie weit die Hellenisierung und eine „alexandrinische" Identität gingen, zeigt sich besonders deutlich bei der jüdischen Bevölkerung. Die Stadt war ein, ja *das* Zentrum jüdischer Diaspora in der Antike. Es gibt gute Gründe zu der Annahme, daß rund zwei Fünftel der Gesamtbevölkerung, also 200 000 Menschen, jüdischer Herkunft bzw. jüdischen Glaubens waren. Jedenfalls dominierten Juden in zwei Stadtteilen, ohne jedoch irgendwie gettoisiert gewesen zu sein. Sie hatten eine Selbstverwaltung, gingen aber sprachlich und im Lebensstil – außer in den religiös bedingten Rechtspraktiken und Kultbräuchen – zunehmend in der griechischen Bevölkerung auf. Sie waren Alexandriner im hier skizzierten Sinn und nannten sich nicht ohne Stolz so. Viele – und das gilt nicht nur für Juden – gelangten dann auf unterschiedlichen Wegen zum Bürgerrecht im engeren Sinn, etwa durch Partizipation am und Aktivität im Gymnasion, was geradezu als Ausweis von Gräzität und Bürgerstatus galt.

Die weitere Bürgerschaft, von der hier die Rede ist, war beruflich und sozial stark differenziert. Auch bildete sich eine Elite aus, die ganz so agierte, wie man es aus der Polis kannte; allerdings spielten sich die Allianzen und Konflikte (innerhalb der Elite wie zwischen dieser und dem Volk) nun im Kontext der weiteren Alexandriner ab; dies ist spätestens für das 2. Jahrhundert v. Chr. nachweisbar. Für diese Entwicklung waren die Interaktion und die Kommunikation innerhalb der Polis entscheidend, vor allem die Kulthandlungen. Bei den großen Götterfesten etwa kamen Massen an Menschen als Kultgemeinschaft zusammen; die gemeinsame Prozession, das gemeinsame Opfer, das gemeinsame Mahl und der Wettkampf vertieften das Gefühl der Zugehörigkeit. Allerdings wurden auch Differenzen sichtbar. Dies galt vor allem im Fall der Juden. Zwar begingen auch sie auf der Pharos-Insel ein Fest, das ausdrücklich ihre Zugehörigkeit betonte – das Septuaginta-Fest, mit dem sie die Übersetzung ihrer heiligen Texte ins Griechische feierten –, und luden alle anderen dazu ein. Gerade auf dem wichtigen Feld der Festkultur wurden aber auch Differenzen sichtbar, und hier dürfte die Basis einer zunächst noch latenten Judenfeindschaft liegen.

Die Herrscher und die Kraft des Volkes

Auf der Ebene von Kult und Fest fand auch die Kommunikation zwischen Volk und Herrscher statt. Die Könige waren vielfältig an den Kulthandlungen beteiligt, wurden aber auch selbst als Götter verehrt. So führte in den 70er Jahren des 3. Jahrhunderts v. Chr. Ptolemaios II. die legendäre Prozession zu Ehren seines vergöttlichten Vaters durch das Stadion, um möglichst vielen Gelegenheit zum Schauen zu geben. Auch bei eher politischen Anlässen suchten die Könige den Kontakt mit der Bevölkerung. Dafür war vor allem das Stadion vorgesehen ferner Theater, Hippodrom und Gymnasion. Hier bildete das Volk eine Versammlung im weiteren Sinn, nicht als *ekklesia* (formelles Beschlußorgan der Polis), sondern als Repräsentant der Metropole. Hier konnte es durch Sprechchöre und andere Arten ritueller Kommunikation Zustimmung und Ablehnung signalisieren, hier war Platz für Akklamation und gezielte Protestaktion bis hin zu Gewalttätigkeiten, die auch aus dem Ruder laufen konnten. Da das Volk ungemütlich werden konnte, wenn seinen Erwartungen nicht genügt wurde, dienten diese Veranstaltungen den Königen als Seismometer. Als etwa 168, in ohnehin schwierigen Zeiten, das Gerücht auftauchte, Ptolemaios VI.

Münze mit dem Porträt der Königin Kleopatra. Ihr wechselvolles Schicksal wurde vielfach beschrieben und verfilmt.

Auf der Terrakotta-Arbeit (1. Jahrhundert) ist der Hafen von Alexandria dargestellt, im Hintergrund das Grab Alexanders des Großen.

trachte seinem jüngeren Bruder, Ptolemaios VIII., nach dem Leben, traten beide gemeinsam im Stadion auf und demonstrierten dem versammelten Volk ihre brüderliche Eintracht. Diese war zwar nur inszeniert, doch hatten die Könige die Erwartungen des Volkes zu beachten, sonst konnte ihre Stellung gefährdet werden.

Solche Formen des Umgangs spielten sich immer mehr ein. Da auch die Eliten in diesem Rahmen agierten, entwickelte die Bevölkerung unter deren Führung immer größere Handlungsfähigkeit (auch wenn die Eliten, auf gut griechische Art, zu massiven internen Konflikten neigten). So waren es das Volk und seine Führungsschicht, die in einer Zeit, in der die zunehmend geschwächte Monarchie immer mehr unter römischen Druck geriet, für die Ehre des Königtums aktiv wurden: 80 v. Chr. töteten sie den unmöglichen Ptolemaios XI. im Gymnasion, und 58 v. Chr. – als die Römer Zypern eroberten, ohne daß Ptolemaios XII. etwas dagegen unternahm – vertrieben sie den Herrscher, setzten seine älteste Tochter als Königin ein und suchten für sie einen geeigneten Ehemann.

So verwundert es nicht, daß Caesar, der im Jahr 48 wegen dieser Kraft des Volkes und seiner *principes* in größte Schwierigkeiten geriet, festhielt, „daß der königliche Namen bei den Seinen Autorität habe". Diese Eigentümlichkeit wurde aufmerksam registriert. In seiner Rede auf die Alexandriner spricht der Philosoph und Rhetor Dion Chrysostomos später von deren „unendlich großem Volk", von seiner Leichtfertigkeit und Gier nach Neuem. Hier spielen antidemokratische Topoi der Intellektuellen eine Rolle, denn ins Positive gewendet wird den Alexandrinern Aktivität und Eigenständigkeit bescheinigt. Und wenn Dion ihnen „Arroganz" vorhält, bezeugt dies letztlich ein ausgeprägtes Ehrbewußtsein. In der Tat sagt er, die Aversion des Volkes gegenüber den römischen Kaisern setze nur die Haltung fort, die die Alexandriner seit Ptolemaios XII., einer Marionette Roms, an den Tag legten.

Augustus stellte diese Haltung nach seinem Sieg über Antonius und Kleopatra in Rechnung. Seine Herrschaft brachte Alexandria und seinen Bürgern einschneidende Veränderungen. Der Herrscher war nicht mehr anwesend, sondern man mußte mit einem Statthalter vorliebnehmen. Der seiner Funktion beraubte Palastbezirk wandelte sich – unter dem Namen Brucheion – in einen normalen Stadtteil, immerhin ein Villenviertel. Zudem ließ Augustus in Nikopolis, nicht in Alexandria, regelmäßig seinen Sieg feiern und legte eine Garnison dorthin. Die zwei Legionen und Hilfstruppen (rund 20 000 Mann) sollten den Alexandrinern sicherlich auch signalisieren, wo nun die Macht saß. Besonders zu schaffen machte ihnen, daß Augustus ihnen den Stadtrat und damit ein zentrales Organ ihrer Selbstverwaltung nahm.

Aber es gab auch positive Maßnahmen. Von der spätestens 24 v. Chr. neueingeführten Kopfsteuer waren die Bürger Alexandrias ausgenommen. Der Kaiser traf Maßnahmen zur Verschönerung der Stadt und zur Verbesserung der Infrastruktur, vor allem ließ er einen Querkanal zum westlichen Nilarm bauen. Auch sonst zeigten sich die Kaiser der Stadt gegenüber erkenntlich, selbst wenn sie dort kaum präsent waren. Immerhin war Vespasian von den Truppen bei Alexandria zum Kaiser ausgerufen worden (1. Juli 69); Hadrian hielt sich dort während seiner Ägyptenreise (130/31) mehrere Monate auf und ließ unter seinem Namen einen Stadtteil errichten; schließlich weilte Septimius Severus nach dem Sieg über seinen Rivalen Pescennius Niger 199 einige Zeit in Alexandria. Vor allem gestattete er den Bürgern, wieder einen Stadtrat zu bilden. Denn trotz aller kaiserlichen Gunstbeweise war das Verhältnis zum Herrscher gespannt geblieben, und die

Alexandriner hatten mit Energie und langem Atem, durch persönliche Beziehungen, Gesandtschaften und lokale Aktionen immer wieder ihren Wunsch nach effektiver Mitsprache deutlich gemacht.

Eine spannungsgeladene Metropole

In der frühen Kaiserzeit eskalierten die Spannungen zwischen Griechen und Juden zum offenen Konflikt. Dafür war die allgemeine Situation mindestens indirekt mitverantwortlich: Nach der Einführung der Kopfsteuer – die materiell schmerzte und zudem, weil man den Ägyptern gleichgestellt wurde, das Ehrgefühl verletzte – wollten immer mehr Juden das Bürgerrecht erlangen und nutzten zu diesem Zweck ihre gymnasialen Aktivitäten. Auch hatten Angehörige der jüdischen Oberschicht beste Beziehungen zum Haus des Herodes; über dessen Enkel, Herodes Iulius Agrippa, reichten sie sogar bis zu Kaiser Caligula. Spannungen traten auf, als die griechischen Eliten einen aufwendig inszenierten Besuch Agrippas im Jahr 38 als Provokation ansahen. In Kooperation mit dem römischen Präfekten schürten sie antijüdische Ressentiments bei den Massen. So kam es zu der brisanten Mischung aus diffuser Aversion und gelenkter Aktion, die Pogrome kennzeichnet: Man steckte Synagogen in Brand, stellte in anderen Statuen des Kaisers auf, jagte Juden durch die Straßen, verprügelte und tötete sie. Der Statthalter ließ sie in einem Stadtteil zusammenpferchen. Im Theater wurden sie coram publico zum Verzehr von Schweinefleisch genötigt.

Nach der baldigen Absetzung des Statthalters folgten vor dem Kaiser in Rom langwierige Auseinandersetzungen über die Konsequenzen des Pogroms. Schließlich sprach Caligulas Nachfolger Claudius im Jahr 41 per Erlaß ein Machtwort: Er verlangte von beiden Parteien die Wahrung des inneren Friedens, bescheinigte den Juden als Gruppe allerdings unmißverständlich, daß sie keine vollwertigen Bürger Alexandrias seien, sondern nur Ansässige. Das war juristisch korrekt, mußte aber das Selbstverständnis eines jüdischen Alexandriners kränken. Der Riß heilte nicht, zumal 25 Jahre später der Aufstand in Judäa Rückwirkungen auch auf Alexandria hatte, wo es ebenfalls mehrfach zu gewalttätigen Auseinandersetzungen kam. Während des Parther-Feldzugs von Kaiser Trajan führte eine jüdische Erhebung dann zum offenen Krieg in einigen Gebieten Ägyptens und auch in Alexandria (115 – 117). Die Römer setzten reguläre Truppen ein und gingen massiv gegen die Juden vor. Es gab Tote, und neben anderen Gebäuden wurde die Große Synagoge, der Stolz der Alexandriner Juden, zerstört. Die Überlebenden wurden, soweit sie nicht geflüchtet waren, außerhalb der Stadt angesiedelt. Noch 202 feierte man den Sieg über die Juden in Alexandria.

Nach diesen Unruhen verlief das städtische Leben gerade im 2. Jahrhundert überwiegend friedlich. Nach wie vor blühte das Leben in der Wirtschaftsmetropole Alexandria, deren Bedeutung sich vor allem ihrer Position als Umschlagplatz von Waren aus Äygpten und dem Mittelmeerraum verdankte. In Basaren und Geschäften, auf den Straßen und in den Hafenanlagen herrschte ein lebhaftes Treiben. Neben den in jeder größeren Stadt üblichen Handwerksbetrieben hatten sich Gewerbe zur Herstellung und Bearbeitung von Textilien, Papyrus, Parfüm und Glas angesiedelt, denn Ägypten war nah, und über das Rote Meer führten Verbindungen auf die Arabische Halbinsel und zum indischen Subkontinent. Sie bestanden schon lange, intensivierten sich aber seit dem 2. Jahrhundert v. Chr. durch die bessere Beherrschung der Monsunwinde. In der römischen Kaiserzeit wurde die Infrastruktur weiter ausgebaut. Dion schreibt plastisch, die Stadt liege „an einem Verbindungspunkt der ganzen Welt ... Wie der Markt in einer Stadt bringt sie alle Leute an einem Punkt zusammen, macht sie einander bekannt und stiftet zwischen ihnen, soweit das möglich ist, ein Gefühl der Verwandtschaft".

Römische Dominanz machte sich vor allem in denjenigen Bereichen bemerkbar, die für die Versorgung der immer parasitäreren Hauptstadt (erst Roms, später Konstantinopels) wichtig waren. In Alexandria war das besonders der Getreidehandel. Trotz der Aufsicht der römischen Behörden bot aber gerade dieser Sektor gute Verdienstmöglichkeiten; so mancher Händler oder Reeder gehörte folglich zur Creme der alexandrinischen Gesellschaft

Alexandria prosperierte in der Kaiserzeit auch als Stätte von Wissenschaft und Bildung. Das Museion war und blieb ein Zentrum für alle, die auf geistig-naturwissenschaftlich-technischem Gebiet etwas werden wollten; hier studierte etwa der später hochberühmte Arzt Galen. In der Philosophie entwickelte sich hier im 3. Jahrhundert eine neue Richtung der platonischen Studien, die zur lebendigsten philosophischen Schule der späten Kaiserzeit werden sollte: der Neuplatonismus. Gerade in Alexandria beeinflußte er die Herausbildung einer christlichen Philosophie (vor allem bei Origines, um 185 –

Seit einigen Jahren erforscht der Unterwasserarchäologe Franck Goddio die Reste des antiken Alexandria im Meer. Die hier von seinem Team entdeckte Sphinx aus Diorit stellt einen späten Ptolemäer dar.

254) und wurde seinerseits von dieser beeinflußt.

Jahrzehnte einer relativ friedlichen Entwicklung waren zu Ende, als die Krise, die das Reich nach der Gefangennahme Valerians durch den Sasanidenkönig Schabuhr (260) erschütterte, auch Alexandria erreichte. Eine Usurpation des Präfekten Mussius Aemilianus, die Alexandria spaltete, konnte Valerians Sohn Gallienus rasch niederschlagen. Gravierender waren die Verwerfungen, als sich Königin Zenobia von Palmyra gegen Rom wandte und auch in Alexandria Unterstützung fand. Zweimal konnte sie im Jahr 270 die Stadt einnehmen; noch 273 kam es zu Konflikten, als sich der von ihr eingesetzte Statthalter Kaiser Aurelian anschloß. Zerstörungen gab es vor allem im Stadtteil Brucheion, dem ehemaligen Palastviertel; vermutlich wurde dabei auch das Grab Alexanders des Großen zerstört.

Nur wenig später fand Domitius Domitianus, der sich gegen Diokletian erhob, in Alexandria Unterstützung. Der Kaiser brauchte acht Monate, um den Widerstand zu brechen (298). Aus diesem Anlaß errichtete er vor dem Sarapeion seine persönliche Siegessäule. Daß gegen die Reichsregierung bzw. den Kaiser gerichtete Kräfte in Alexandria teilweise auf Sympathien stießen, mag man als Zeichen für das Selbstbewußtsein der Städter und ihrer Eliten werten. Derartige Verhaltensweisen lassen sich auch in der Folgezeit beobachten, nach den großen Reichsreformen unter Diokletian und Konstantin dem Großen und auch nach der Tolerierung bzw. Übernahme des Christentums durch die Kaiser. Waren Eliten und Volk unzufrieden bzw. war ihr Rechtsempfinden verletzt, unternahmen sie die in ihren Augen angemessenen Protestaktionen. Dabei konnte es durchaus vorkommen, daß „Fackeln und Steine gegen den Statthalter" geworfen wurden.

Das christliche Alexandria

Bezeichnenderweise war das Volk auch an der Einsetzung des Bischofs beteiligt. Dies geschah in derselben Art und Weise, in der es seit jeher seinen Willen kundtat: Nach der Wahl durch die Presbyter und nach der Weihe wurde der Patriarch per Akklamation begrüßt. Es war nicht unbedenklich, konnte sogar lebensgefährlich sein, wenn diese entfiel oder negativ war. Diese Kommunikation fand weiter in Theater und Hippodrom statt, immer häufiger aber auch auf der Kanopischen Straße. Als 391 das Sarapeion zerstört wurde, verbrannte man in verschiedenen Stadtteilen die Hände und Füße der Götterstatue, die in den Augen der Christen ein Götzenbild war, der Rumpf wurde im Theater vernichtet. Oft dienten nun auch die Kirchen als Orte der Kommunikation zwischen Volk und Würdenträgern, vor allem die unter Kaiser Constantius II. (337 – 361) im Bereich des Kaisareions erbaute „Große Kirche". Mit ihr war der Bischof auch räumlich von der Peripherie ins Zentrum gerückt, denn die nach einem früheren Bischof benannte ältere Theonas-Kirche lag in der Nähe des Westtors.

Die Christianisierung war die letzte große Veränderung im antiken Alexandria. Die christliche Gemeinde war hier relativ früh sehr ausgeprägt. Dank der Bedeutung der Stadt nahm der dortige Bischof schon bald den ersten Rang in Ägypten ein; mit dem Konzil von Nicäa (325) wurde er Metropolit und Patriarch – nur der Bischof und Patriarch Roms (und später der Konstantinopels) stand über ihm. Nach der Konstantinischen Wende gewann er auch in weltlichen Angelegenheiten eine hochbedeutende Position – nicht nur wegen der Privilegien, die er von staatlicher Seite erhielt, sondern vor allem, weil er dank seiner Autorität und seiner materiellen Möglichkeiten eine Rolle als Wohltäter und Oberhaupt ausfüllte, wie man dies seit der Zeit der Könige nicht mehr erlebt hatte. Der Kaiser war weit weg, und sein Statthalter verblaßte zusehends hinter der mächtigen Figur des Patriarchen.

Die bedeutendsten unter diesen Bischöfen hatten entscheidenden Anteil an den großen dogmatischen Debatten der Christenheit. Zudem betrieben sie eine gezielte Machtpolitik. So nutzte Athanasios (gest. 373) im Streit mit anderen christlichen Gruppen seine Verfügungsmöglichkeit über Getreide als Waffe. Theophilos (385 – 412) schürte religiöse Aversionen und ging gezielt gegen Heiden und ihre Kulte vor. Sein Neffe und Nachfolger Kyrillos ließ seine Predigten als Flugschriften verbreiten und setzte die eigentlich im Sinn christlicher Nächstenliebe tätigen Krankenpfleger gelegentlich auch als Schlägertruppe ein.

Die Christianisierung veränderte das städtische Leben stark. Auf der Durchreise zu den heiligen Stätten strömten Pilger in die Stadt. Auch gab es immer mehr Mönche, die freilich, abgesehen von dem verödeten Areal des Brucheion, vor allem in der Umgebung siedelten; so rund 5000 Anachoreten (Einsiedler) in der Nitrischen Wüste südlich des Mareotis-Sees. Unter den Christen existierten die unterschiedlichsten Glaubensrichtungen. Oft ging es um existentielle Fragen – letztlich das Seelenheil –, und so waren die Streitigkeiten heftig und häufig gewalttätiger als die Auseinandersetzungen mit Nicht-Christen, die übrigens noch lange die Mehrheit bildeten. Alexandria war Zentrum christlicher Philosophie und Christologie und zugleich brodelnde Metropole. Zu teilweise bürgerkriegsähnlichen Konflikten führten vor allem die Debatten um die Natur Christi, bei denen sich Arianer, die Anhänger des Presbyters Areios/Arios, und die Anhänger des Bischofs Athanasios gegenüberstanden. Die Stadt war nicht selten Schauplatz brutaler Entgleisungen. So wurde der arianische Patriarch Gregor, den Constantius II. gestützt hatte, nach dem Tod des Kaisers 361 gelyncht; dann führte man seinen Leichnam auf einem Kamel die Kanopische Straße entlang und warf ihn ins Meer.

Die Aggressivität wuchs auch gegen die Nicht-Christen. Dazu mag der Versuch Kaiser Julians (361 – 363) beigetragen haben, das Heidentum wieder zu stärken. Selbst die schreckliche Katastrophe, die Alexandria mit dem großen Tsunami vom 21. Juli 361 traf,

Eher selten sind Zeugnisse des christlichen Alexandria. Hier ein mit einem Kreuz geschmücktes Kapitell aus einer Katakombe.

wurde in diese Konflikte eingebettet: Von heidnischer Seite als Ausdruck der Trauer der Erdgöttin um Julian gedeutet, galt er dem Kirchenvater Hieronymus als Strafe Gottes für den vom Kaiser unternommenen Abfall vom Christentum. Die Spannungen waren groß, von beiden Seiten kam es zu Übergriffen. Sie gipfelten schließlich in der geradezu rituell vollzogenen, demonstrativen Zerstörung des heidnischen Hauptheiligtums, des Sarapeions, und des hochverehrten Sarapis-Standbilds im Jahr 391.

Zunehmend wurden die Heiden marginalisiert. Gezielt traf der Terror die bedeutende Philosophin Hypatia, die von einer Meute Christen buchstäblich in Stücke gerissen wurde. Unter dem Patriarchen Kyrillos ging man 415 auch gegen die Juden vor, die sich wieder in der Stadt angesiedelt hatten; viele kamen um. Gewaltsam wurden teilweise auch weiterhin die Streitigkeiten unter Christen ausgetragen, vor allem, wenn es um die Natur Christi ging. Seit dem Konzil von Chalkedon (451) galt die Formel von der vollkommen göttlichen wie menschlichen Doppelnatur Christi als verbindlich, doch war im Osten und nicht zuletzt in Alexandria der Monophysitismus populär, der Christus nur eine göttliche Natur zuschrieb.

Häufig wurde und wird die These vertreten, daß diese Konflikte mit dazu beitrugen, daß sich der Islam im 7. Jahrhundert so rasch ausbreiten konnte. Zumindest im Fall Alexandrias ist da Vorsicht geboten. Als das Römische Reich durch den Konflikt mit dem Neupersischen Reich geschwächt war, stand die Stadt von 619 bis 629 unter sasanidischer Herrschaft. Und dennoch mußte der große islamische Heerführer Amr ibn al-As die Stadt 14 Monate lang belagern, bis er sie 642 einnehmen konnte. Einige Jahre später legte der Kalif Omar eine Garnison von 12 000 Mann in die Stadt. So war die Eroberung durch die Araber ein durchaus markanter Einschnitt. Alexandria behielt zwar das ganze Mittelalter hindurch seine Bedeutung als Handelsplatz, und die Pracht der Stadtanlage war weiter erkennbar. Es war aber nicht länger wie in der Antike eine Metropole.

Prof. Dr. Hans-Joachim Gehrke
geb. 1945, lehrt Alte Geschichte an der Universität Freiburg im Breisgau. 2003 erschien die 3. Auflage seiner „Geschichte des Hellenismus", 2006 die 2. Auflage von „Geschichte der Antike. Ein Studienbuch".

Die neue Stadt

Walter Ameling

Karthago: Kolonie und „Mutterstadt" im westlichen Mittelmeer

Karthago wurde gegen Ende des 9. Jahrhunderts v. Chr. von Phöniziern aus Tyros gegründet: der Name kommt aus dem Phönizischen: „kart-hadasht" bedeutet die „neue Stadt". Sie reifte allmählich zu einem wichtigen ökonomischen und politischen Faktor heran und bestimmte bis zur Zerstörung durch Rom im Jahr 146 v. Chr. die Geschichte des Mittelmeerraums mit.

Die Karthager errangen in den ersten Jahrhunderten ihrer Existenz ein Protektorat über die anderen phönizischen Städte im westlichen Mittelmeer und konkurrierten mit den Westgriechen um die Dominanz auf Sizilien. Für uns ist Hannibal, der mit Elefanten die Alpen überstieg, ein Kürzel für die drei Kriege, die Karthago mit Rom führte und an deren Ende es zerstört war. Der Dichter Vergil sah in Karthago den vom Schicksal bestimmten Feind Roms, und für den Kirchenvater Augustinus war es „aemulus imperii", der Rivale des Reichs – der Staat eben, der mit Rom um die Macht im Mittelmeerraum gestritten hatte.

Der historische Rang Karthagos ist unbestritten – aber war es eine Metropole? Eine „Mutterstadt" war es sicher, denn es gründete eine ganze Reihe von Kolonien, in Afrika, auf den großen Mittelmeerinseln und in Spanien. War es aber auch der Zentralort eines Hinterlands, das ganz auf die Stadt konzentriert war? Und wenn ja, in welcher Form: religiös, wirtschaftlich, militärisch, politisch? Drückte sich der Charakter der Metropole in der Gestaltung der Stadt aus, wurde er also durch urbanistische Maßnahmen bewußt betont?

Diese Fragen sind nicht leicht zu beantworten. Die Beziehungen einer Stadt zum eigenen Herrschaftsbereich und sogar die Form ihrer Herrschaftsausübung waren bei antiken Historikern kein beliebtes Thema, und für Karthago ist das Quellenproblem besonders groß: Wir verfügen kaum über karthagische Quellen, sondern sind auf die Berichterstattung von Griechen und Römern angewiesen – die zwar an den Kriegen mit Karthago interessiert waren, aber an wenig anderem.

So wissen wir über die Anfänge Karthagos wenig. Immerhin: Die Stadt diente nicht nur als Station auf dem Weg von Phönizien nach Spanien, sondern nahm auch selbst Kolonisten auf. Der Ort zeichnete sich durch seine günstige Lage aus: Es gab einen sicheren Hafen und mit der Byrsa einen Festungshügel; der Platz ließ sich gut gegen Angriffe vom Land verteidigen, besaß aber trotzdem Zugang zu einem ausgedehnten und fruchtbaren Hinterland. In der Umgebung gab es andere phönizische Gründungen, die teilweise älter und anfangs wohl auch größer waren, etwa Utica. Die Kolonisten brachten ihre Götter mit und sandten dem großen Gott ihrer Mutterstadt, dem Melqart von Tyros, noch lange den Zehnten der öffentlichen Einnahmen; in Zeiten des Erfolgs vergaß man das einmal, nach einer Mahnung des Gottes schickten die Karthager jedoch bis ins 2. Jahrhundert (alle Jahresangaben beziehen sich auf die Zeit vor Christus) weiter ihre Weihegaben. Wie alle Kolonien behielt auch Karthago die Mutterstadt in dankbarer Erinnerung

Anhänger in Form eines phönizischen Schiffes (um 400 v. Chr.).

und fühlte sich verpflichtet, sie zu achten, war aber sonst unabhängig und besaß eigene Institutionen.

Zu Beginn des 5. Jahrhunderts war Karthago bereits eine Stadt von großer, überregionaler Bedeutung. Wenn wir uns fragen, wie es dazu kam, so fragen wir nach dem Wachsen ihrer politischen Macht, ohne die in der Antike keine Großstadt existieren konnte. Metropolen lebten nicht von Überschüssen einer Handelsbilanz, sondern von den Erträgen ihrer Herrschaft. Anfangs ist der politische Aufstieg der Stadt für uns kaum faßbar, und nur historische Analogien erlauben uns gewisse Vermutungen: die frühen Gründungsgeschichten, in deren Mittelpunkt die Königin Dido steht, sind für den Historiker kaum von Nutzen.

Phönizier (und Griechen) gründeten ihre Kolonien meist an Stellen, an denen kein starker einheimischer Staat existierte. Nur so konnte die Kolonie überleben, und nur so konnte sich ihre Herrschaft über das Hinterland ausbilden. In der Umgebung Karthagos lebten die Libyer in komplizierten, kleinteiligen Strukturen, ohne sich zu großen Stämmen zusammengeschlossen zu haben. Daß die Karthager Tribut an einheimische Gruppen zahlten, ist kein Beweis für deren überlegene Macht, sondern der Versuch, das eigene Gebiet gegen die zweite große Bevölkerungsgruppe Libyens, die umherstreifenden Nomaden, zu schützen. Warum Karthago bei dem Versuch, die Umgebung zu beherrschen, erfolgreicher war als Utica, wissen wir nicht. War die Lage besser, waren die Anführer geschickter? Zu Beginn der Entwicklung können Kleinigkeiten große Wirkung entfaltet haben, ohne daß wir sie heute noch benennen könnten.

Ruinen punischer Wohnbebauung des 3. und 2. Jahrhunderts v. Chr. an den Hängen der Byrsa, der karthagischen Akropolis (Burg „berg").

Terrakotta-Kopf der Göttin Tanit. Sie war die Schutzgöttin Karthagos.

In den ersten Jahrhunderten zeugen nur Indizien von Karthagos Wachstum, doch spätestens im 6. Jahrhundert waren die anderen phönizischen Städte Afrikas, allen voran Utica, keine Konkurrenz mehr. Bedeckte die Stadt im 8. Jahrhundert ein Areal von rund 25 Hektar, so vervierfachte sich ihre bebaute Fläche bis ins 6. Jahrhundert; in derselben Zeit nahm die Zahl der Gräber und der Opfer an die Göttin Tanit zu – beides Zeichen großen Bevölkerungswachstums. Gründe dafür lassen sich schwer benennen, die Vermutungen gehen in unterschiedliche Richtungen: Kamen Menschen aus Phönizien, das unter wachsendem assyrischem Druck stand? Zogen Phönizier aus anderen Kolonien nach Karthago? Wuchs die Bevölkerung überdurchschnittlich schnell? Wurden Libyer eingegliedert und assimiliert?

Einige dieser Überlegungen setzen bereits die wachsende Bedeutung der Stadt voraus. Expansion, also politischer Erfolg im Hinterland, fördert an sich schon Bevölkerungswachstum: Hauptstädte wachsen meist rascher als die Bevölkerung des beherrschten Gebiets: nach Erfahrungen mit modernen Metropolen wächst deren Bevölkerungszahl erst langsam, dann rasch und stagniert schließlich auf hohem Niveau. Ein solches Modell kann selbst bei einer halbwegs günstigen Quellenlage nur schwer für einen konkreten Fall bewiesen werden, aber immerhin widerspricht die Geschichte Karthagos ihm zu keiner Zeit.

Der historische Vorgang ist komplex: Wachstum und „staatsbildende Dynamik“ (so der Archäologe H. G. Niemeyer) gehen Hand in Hand, und es ist nicht immer leicht, zwischen Ursache und Wirkung zu unterscheiden. Man kann Expansion und Kolonisation als Versuch beschreiben, einer Überbevölkerung zu begegnen, man kann sie aber auch als Mittel zur Ausdehnung von Herrschaft und Stärkung der eigenen Ressourcen verstehen, was dann städtisches Wachstum hervorbringt. Wenn im folgenden von Reaktionen auf das Wachstum die Rede ist, so dürfen wir nicht vergessen: Ein Teil der Reaktionen kann selber das Wachstum der Stadt und des Staates beeinflußt haben.

Ein Wachstum mit Folgen

Die rasche Entwicklung löste gezielte Reaktionen aus. Bis zum 5. Jahrhundert können wir (1.) urbanistische Maßnahmen feststellen, also die bewußt geplante städtebauliche Erweiterung Karthagos. (2.) expandierte das Reich in Afrika sowie nach Sardinien und Sizilien und gründete (3.) schließlich eigene Kolonien. Daß damit eine Verfestigung und Institutionalisierung der Staatlichkeit einhergehen mußte, liegt auf der Hand, ist in unserem Kontext aber von untergeordneter Bedeutung.

1. Bereits in archaischer Zeit waren in der Küstenebene die späteren Baufluchten vorgezeichnet worden: Es entstanden rechtwinklige Straßennetze, die an den Hängen der Byrsa in ein radiales Bebauungsschema übergingen. Sehr früh gab es Handwerkerviertel am Stadtrand, in denen sich die vom Feuer abhängigen Berufe niederließen (etwa Schmiede und Töpfer); sie gingen vermutlich gleitend in Stadtteile mit einer dünnen Wohnbebauung oder gar in Wohnviertel über. Die Funde zeigen, daß es in Karthago schon recht früh eine Arbeitsteilung gab, wie sie einer großen Stadt entspricht. Staatliche Maßnahmen zur Wasserversorgung, dem zentralen Bedürfnis aller Städte, scheint es aber nicht gegeben zu haben: Schöpfbrunnen, vor allem Zisternen, die sich in fast jedem Haus finden, waren private

Anlagen (was staatliche Reglementierung nicht ausschließen muß). Spätestens im 4. Jahrhundert gab es Viertel mit mehrstöckigen Häusern; die Bevölkerungsdichte war also hoch. Die archaische Befestigungsanlage – eine Mauer, die die Stadt gegen das Land wie gegen das Meer sicherte – war eine große, staatliche Gemeinschaftsarbeit, bei der neben der Funktion auch die Repräsentation bedacht worden sein mag.

2. Bereits im 6. und 5. Jahrhundert wurden an der Küste kleine Festungen gebaut, die das Territorium Karthagos sichern sollten – kein unnützes Unterfangen in einer Zeit, in der Piraterie allgegenwärtig war (und auch von den Karthagern betrieben wurde). Beeindruckend ist die Anlage von Kerkouane mit ihrem dreifachen Verteidigungsgürtel: Hier wurde eine Kleinstadt gegründet, um die Sicherheit Karthagos zu gewährleisten. Demselben Zweck diente der erste römisch-karthagische Vertrag, der einem verbreiteten Vertragstypus entsprach.

Karthago bediente sich also im 6. und 5. Jahrhundert verschiedener Mittel, um ein Territorium zu schützen. Wie weit dieses nach Afrika hineinreichte, wissen wir nicht genau, doch endete es wohl kaum bereits nach ein paar Dutzend Kilometern. Jedenfalls wuchs der karthagische Staat nicht als Folge von Dienstleistungen und Warenaustausch, sondern Ausbau und Sicherung von Herrschaft führten zu Tribut und Gewinn.

Auf Sardinien und Sizilien dehnten die Karthager ihren Einfluß in Gebiete aus, die bereits phönizisch besiedelt waren, und an der afrikanischen Küste dominierten sie seit dem 5. Jahrhundert eine Reihe sogenannter libyphoinikischer Städte. Städte und Inseln werden die Karthager schon lange gekannt haben, und sie nutzten gern die sich bietenden Gelegenheiten. Immer handelt es sich um Orte in Ackerbaugebieten, und sogar Städte, die anfangs stärker zum Meer hin orientiert waren, konzentrierten sich unter den Puniern (den nordafrikanischen Phöniziern) auf ihr agrarisches Hinterland. Vermutlich mußten die Untertanen Karthago regelmäßig mit Lebensmitteln versorgen; für Krisenzeiten ist dies ausdrücklich bezeugt. Natürlich erwarben die Karthager Nahrungsmittel auch durch Handel: Agrigent auf Sizilien etwa produzierte Öl nur für den karthagischen Markt. Aber Importe mußte man bezahlen, und die erforderlichen Mittel wurden politisch oder militärisch erworben, kurz: Große Importe waren erst durch den Status Karthagos als einer Metropolis ermöglicht worden.

3. Wann die Karthager begannen, selber Städte zu gründen, ist nicht ganz klar. Ein gewisser Hanno erzählt von dem Beschluß, Kolonien an der westafrikanischen Küste zu gründen (die Echtheit seines meist an den Übergang vom 6. zum 5. Jahrhundert datierten Berichts einmal vorausgesetzt). Dazu schickte man eine große, mit Libyphoinikern bemannte Flotte aus (Hanno nennt 60 Pentekonteren, 50rudrige Schiffe, und 30 000 Mann), von der einige Städte, alle nördlich des heutigen Senegal, gegründet wurden. Vermutlich war die Bedeutung der Kolonien für die Metropolis aber nicht allzu groß, und wenn im Jahr 480 Soldaten aus den Kolonien Karthago unterstützten, dürfte es sich um näher gelegene Städte gehandelt haben: vermutlich hatten die Karthager im 6. Jahrhundert weitere Kolonien ge-

gründet, von denen wir nicht mehr viel wissen: waren etwa afrikanische Städte, die später von Sufeten (so der Titel der höchsten, jährlich neu gewählten Beamten in phönizischen Städten) regiert wurden, karthagische Gründungen? Der Bericht Hannos macht klar, daß die karthagischen Kolonien keine Handelsposten mit kleiner Besatzung waren, sondern eine größere Zahl an Menschen aufnehmen sollten. Handel, Grenzsicherung oder die Erschließung von Ressourcen mögen für das Unternehmen eine Rolle gespielt haben, doch ging es wohl vor allem darum, einer Überbevölkerung Karthagos zu begegnen.

Auf dem Zenit der Macht

Gewalt und Krieg, Diplomatie und Verträge, Handel und Erkundung ließen Karthago im 5./4. Jahrhundert neben dem griechischen Syrakus zur wichtigsten Macht im westlichen Mittelmeer werden, die die Konkurrenz mit den Westgriechen bestand. Noch ist der Ausdruck „Hauptstadt“ verfrüht, doch hatte die Schaffung eines auf Karthago ausgerichteten Reichs Konsequenzen für (1.) die Innenpolitik, (2.) die Verwaltung, (3.) das Verhältnis zum Umland und (4.) den Handel und die überseeischen Verbindungen.

1. „[In Karthago], wo die Verfassung einen oligarchischen Charakter hat, entgehen die Machthaber sehr geschickt der Gefahr innenpolitischer Unruhen: Sie ermöglichen es, daß immer ein Teil des Volkes zu Reichtum kommt, indem sie diesen in die abhängigen Städte entsenden“, schrieb Aristoteles. Dieses Verhalten läßt sich auch später beobachten; noch Hannibal versuchte nach der Niederlage im zweiten Punischen Krieg, die aristokratische Herrschaft durch Bereicherung des Volkes aufrechtzuerhalten. Auf Kosten der Untertanen wurden Karthager in Nordafrika angesiedelt, auf Kosten der Untertanen blieben sie steuerfrei – und noch mehr als das Volk profitierte die Aristokratie von der Herrschaft: Sie regierte unangefochten. Adel wie Volk wurden von ihren Interessen zu einer kurzsichtigen Politik getrieben.
2. Von Karthago beherrschte Städte durften und mußten sich selber verwalten; kaum ein antikes Reich konnte auf Formen lokaler Autonomie verzichten. Davon ausgenommen waren nur die Libyer. Das Argument, sie hätten aufgrund ihrer Sozialstruktur keine stadtähnlichen Gebilde hervorbringen können, greift zu kurz; vielmehr waren die Karthager kaum daran interessiert, ihr direktes Hinterland in den eigenen Staat zu integrieren. Schon die Höhe der Steuern – die Landbevölkerung mußte ein Viertel, in Krisenzeiten sogar die Hälfte der Ernte an Karthago liefern und zudem weitere Tribute leisten – zeigt, daß man sich vor allem für die Einkünfte aus dem Land, nicht aber für Wohlfahrt und Autonomie der Libyer interessiert hatte: Innere Unsicherheit und häufige Rebellionen in Afrika waren die Folge.

Amulette aus Sandkornglas gehören zu den häufigsten Fundobjekten in Karthago. Die beiden Exemplare oben in Form eines männlichen Kopfes stammen aus dem 4./3. Jahrhundert v. Chr.

3. Viele Großstädte umgab ein breiter Gürtel an Gärten und Parks, aus dem die Stadt versorgt wurde und in den sich der Adel zu Repräsentationszwecken zurückziehen konnte – so auch Karthago. Der aus Sizilien stammende griechische Historiker Diodor schrieb: Das Gebiet zwischen Kap Bon und Karthago „bestand aus lauter Gemüse- und Obstgärten und wurde allenthalben durch kanalisierte Wasserläufe bewässert; überall standen prunkvoll ausgestattete und mit Stuck verzierte Landhäuser, die von dem Reichtum ihrer Besitzer zeugten. Die Speicher strotzten von allen Dingen, die dem Genuß dienten, da die Bevölkerung während einer langen Friedenszeit Gelegenheit gehabt hatte, Vorräte in Hülle und Fülle anzuhäufen. Das Land war ... mit Wein bepflanzt, trug ... Oliven und war voll von anderen fruchttragen-

Blick über Karthago mit der Seemauer und den beiden Häfen (Rekonstruktionszeichnung). An den überdachten Liegeplätzen des runden Kriegshafens konnten 150 bis 200 Schiffe festgemacht werden. Der Kriegshafen war durch einen Kanal mit dem Handelshafen verbunden; eiserne Ketten sperrten die Zufahrt zum offenen Meer.

den Bäumen. Auf beiden Seiten weideten Herden von Rindern und Schafen auf der Ebene, und die nahen Wiesen wimmelten von grasenden Pferden. Ganz allgemein gab es einen vielgestaltigen Reichtum in der Gegend, da die bedeutendsten Karthager dort ihre Besitzungen hatten und sie mit ihrem Reichtum für den Genuß verschönert hatten."

Selbstverständlich pflegte man auf den Gütern einen punischen (phönizisch-nordafrikanischen) Lebensstil. Das traf im übrigen auch für die von Karthago gegründeten Orte zu, wo folglich wohl eine gewisse Akkulturation der einheimischen Bevölkerung stattfand – anders als im Binnenland, wo punische Funde (selbst Münzen) und fremdländische Importe selten sind.

4. Karthago gilt als die Handelsstadt par excellence, die im Mittelpunkt eines Netzes von Beziehungen stand, das im westlichen Mittelmeer besonders dicht geknüpft war, aber weit darüber hinausreichte. Eindrucksvoll ist die Vielfalt der Keramik, die dies dokumentiert – oft einfache Gebrauchskeramik, also Gefäße, die ihres Inhalts wegen transportiert wurden. Karthago war End- und Ausgangspunkt zahlreicher Handelsbezie-

hungen, diente aber oft auch als Zwischenhändler. Die Vielzahl der Produkte, die man in Karthago erwerben konnte, die Vielzahl der Berufe, die nicht nur eine hochentwickelte Arbeitsteilung bezeugen, sondern oft auch dem Luxus dienten, gaben der Stadt ein außergewöhnliches Flair. Dazu trug auch die hohe Zahl an Fremden bei. Im 4. Jahrhundert existierte eine bedeutende griechische Kolonie. Bürger anderer phönizischer und punischer Städte errichteten den Göttern Karthagos Votivinschriften, hatten sich also den Lebensformen in der Stadt angepaßt.

Für den Umfang des Handels spielten Größe und Reichtum der Stadt die entscheidende Rolle, nicht staatliche Interessen. Wie wenig der Staat regulierte – solange es nicht um die Nahrungsversorgung der Stadt ging –, zeigt die Münzprägung. Lange gab es keine zentrale Münzprägung, und die sizilischen Städte prägten ihre eigenen Münzen. Der Schekel, eine für Karthago und sein Hinterland gedachte Silberprägung mit eigenem Nominal (Münzfuß, nach einem vom Prägeherrn definierten Gewicht), kam erst im 3. Jahrhundert auf. Eine staatliche Handels- oder Wirtschaftspolitik gab es nicht, wenn man nicht die Bereitstellung einer gewissen Infrastruktur als solche bezeichnen will – etwa die eines Marktplatzes (Agora), der auch politischen Zwecken dienen konnte, oder – viel wichtiger – der Häfen. Anfangs waren das wohl natürliche Reeden: Was heute „See von Tunis" heißt, war früher deutlich größer und bot wohl einen sicheren Ankerplatz in der Nähe der Siedlung. Daneben mag es andere Reeden gegeben haben, und mit der Zeit müssen um sie herum zahlreiche private und öffentliche Anlagen entstanden sein; allein die Existenz einer vom Staat unterhaltenen Kriegsflotte machte dies nötig (Arsenale etwa müssen gebaut worden sein – über ihre Existenz unterrichtet nur die Notiz, daß sie 368 abbrannten). Es gibt auch Spuren eines Kanals, der vom Ufer des „Tunis-Sees" in die Gegend der späteren, künstlichen Häfen führte: Es ist eine attraktive Vermutung der englischen Ausgräber, daß hier Schiffshäuser, Docks und Werften lagen.

Wo heute die beiden künstlichen Hafenbecken das Bild der Küste bestimmen, war noch im 5. Jahrhundert kein Platz für einen Hafen; erst Veränderungen im Niveau des Meeresspiegels machten ihren Bau möglich (und nötig?). Appian, der griechische Historiker, der im 2. Jahrhundert n. Chr. in Alexandria lebte, beschreibt die Anlage: „Die Häfen

Karthagische Goldmünze; auf der Vorderseite ist die ährenbekränzte Göttin Tanit zu sehen, auf der Rückseite eine Palme.

standen untereinander in Verbindung und verfügten über eine gemeinsame Zufahrt vom Meer her – etwa 70 Fuß breit –, die man mit eisernen Ketten versperren konnte. Der erste Hafen diente den Kaufleuten ... In der Mitte des zweiten Hafens befand sich eine Insel, und gewaltige Kais waren in Abständen rings um die Insel wie auch den Hafen angelegt. Auf diesen Uferanlagen sah man überall Werften, die für 220 Schiffe ausreichten, außerdem Magazine zur Ausrüstung von Trieren [Dreiruderern]. Zwei ionische Säulen standen vor jedem Dock, welche Hafen wie Insel als eine fortlaufende Säulenreihe erscheinen ließen. Auf der Insel war ein Haus für den Admiral errichtet ... Nicht einmal die Werften kamen den eintreffenden Kaufleuten sogleich zu Gesicht, denn eine doppelte Mauer umschloß sie, und es gab Tore, welche die Kaufleute vom ersten Hafen unmittelbar in die Stadt brachten, ohne daß sie die Docks durchqueren mußten."

Der Bau der Hafenbecken war eine der größten städtebaulichen Anstrengungen Karthagos – selbst wenn Appian die Zahl der Schiffshäuser zu hoch ansetzte, wie wir heute wissen. Weshalb die Karthager die Häfen bauten, wissen wir nicht. Waren es praktische oder militärische Gründe, war es eine Demonstration des Reichtums? Die Ausgräber erklären, daß die beiden Häfen vielleicht erst im 3./2. Jahrhundert gebaut wurden und die Keramik eine Datierung nahe der Zerstörung der Stadt fordere. Wenn die Keramikscherben nicht von einer späten Reparatur stammen, stehen wir vor einem großen historischen Problem: Der Kriegshafen wäre dann gebaut worden, als der Friedensvertrag mit Rom Karthago keine große Kriegsflotte erlaubte – doch erwähnen die römischen Versuche, den dritten Krieg gegen Karthago zu rechtfertigen, keine derartige Vertragsverletzung.

Zur Unsicherheit, wann der Hafen gebaut wurde, trägt auch unsere Unkenntnis der karthagischen

Der Sarkophagdeckel stammt aus dem 4. Jahrhundert v. Chr. Der Bestattete ist ein Priester; seine Hand hat er zu einem Segensgestus erhoben.

Innenpolitik bei. Obwohl die Stadt zwei große Kriege gegen Rom verloren hatte, war es weder im ausgehenden 3. noch im 2. Jahrhundert so geschwächt, daß es die Häfen nicht hätte bauen können. Trotz aller inneren Probleme und trotz der Zahlungen an Rom war es den Karthagern gelungen, neue Finanzquellen zu erschließen: nach dem ersten Punischen Krieg durch die Etablierung der enorm ertragreichen Herrschaft im südlichen Spanien, nach dem zweiten Punischen Krieg offenbar durch eine effizientere Verwaltung und intensivere Besinnung auf die Möglichkeiten des afrikanischen Territoriums. Damals müssen die Prozesse eingesetzt haben, derenthalben punische Religion und Sprache auch nach der Zerstörung der Metropole überlebten.

Das Erbe Karthagos

In Karthago gab es eine Vielzahl von Kulten und Tempeln. Zum einen die Götter der Karthager: Baal, Melqart, Tanit, Eschmun und viele andere, die nicht nur in Tempeln und Statuen präsent waren, sondern auch in den Namen der Menschen; zum anderen Gottheiten aus aller Welt, die mit den Fremden nach Karthago kamen. Manche blieben dem privaten Kult vorbehalten, andere wurden in den Staatskult aufgenommen, so Demeter und Kore, die aus Sizilien nach Karthago kamen. Nach der Zerstörung Karthagos finden wir seine Götter weiter in Nordafrika: Die große Tanit wird als Dea Caelestis verehrt und Baal Hammon über Jahrhunderte hin als Saturnus (Africanus).

Neben den Göttern überlebte auch die punische Sprache. Es ist nicht verwunderlich, daß die numidischen und mauretanischen Könige sie lange als Verwaltungssprache weiterbenutzten, denn die Kontinuität der vorhandenen Strukturen legte das nahe; dasselbe galt wohl für die Benutzung des Punischen im Kult. Doch damit nicht genug: Der aus Afrika stammende Schriftsteller Apuleius bemerkte im 2. Jahrhundert n. Chr. mißbilligend: „Er spricht nie etwas anderes als Punisch und einige Brocken Griechisch, soweit er sie noch von der Mutter her kann; denn Latein sprechen möchte er weder, noch kann er es.“ Der Kirchenvater Augustinus, der noch gegen den Kult der phönizischen Götter Baal und Astarte wettern mußte, beweist immer wieder, daß das Punische weit über seine Diözese hinaus Volkssprache war.

Das Fortleben der alten Götter und der alten Sprache war nur möglich, weil Karthago am Ende doch mehr als die fremde Herrin fremder Untertanen geworden war: eine politische Metropole, die sich ihrer Herrschaft in Nordafrika zwar zu eigenen Zwekken bediente, die aber auch auf das beherrschte Land ausstrahlte und ihm Identität und Geschichte gab.

Prof. Dr. Walter Ameling
geb. 1958, lehrt Alte Geschichte an der Universität Jena. Zum Thema erschien von ihm „Karthago, Studien zu Militär, Staat und Gesellschaft"(München 1996).

Die „Hauptstadt der Welt“ – Flaniermeilen, Tempel und Wohnquartiere

Frank Kolb

Rom: Werden und Wachstum einer Metropole

Unter allen Metropolen dieser Erde kann Rom unter dem Gesichtspunkt der geschichtlichen Bedeutung, aber auch der Dauer seiner Funktion als Metropole sicherlich den Spitzenplatz beanspruchen. Von der Antike bis heute hat es diese Stellung behauptet, wenn auch mit unterschiedlicher Gewichtung: als Herrscherin über den Mittelmeerraum und die antike Oikumene, als Zentrum der westlichen Christenheit, als Hauptstadt des italienischen Nationalstaats und als Sitz des Oberhaupts der katholischen Kirche.

Um 200 n. Chr. nennt Athenaios, ein griechischer Autor, Rom eine *Epitome* der zivilisierten Welt, da in dieser Stadt alle Städte der Erde eine Kolonie gegründet hätten. Aber seit wann war Rom eine Metropole? Versteht man darunter eine „Mutterstadt“, so könnte man Rom seit dem 4. Jahrhundert v. Chr., mit der Gründung der ersten Kolonien, als Metropole bezeichnen. Denkt man hingegen an eine Hauptstadt mit „weltstädtischem“ Charakter, so trifft die Bezeichnung sicherlich nicht vor dem 2. Jahrhundert v. Chr. zu. Erst im Gefolge des zweiten Punischen Krieges erlebte Rom eine demographische Entwicklung, welche die Dichte und Buntheit einer weltstädtischen Bevölkerung hervorrief.

Am Ende des 2. Jahrhunderts v. Chr. dürfte die Einwohnerzahl der Stadt bei wenigstens 300 000 gelegen haben. Ursache war nicht nur die Entstehung eines bäuerlichen Proletariats infolge der Verwüstung weiter Landstriche Italiens im Krieg gegen Hannibal, sondern vor allem die wachsende ökonomische Attraktivität des nunmehrigen Zentrums der westlichen Mittelmeerwelt. Offensichtlich war das nähere Umland Roms am stärksten von der Landflucht betroffen. Ferner führten die Kriege und Eroberungen im Westen und Osten des Mittelmeerraums zur Versklavung zahlreicher Kriegsgefangener. Viele von ihnen kamen nach Rom. Die meisten stammten aus dem Osten des Mittelmeerraums, vor allem aus den kleinasiatischen Landschaften Pontos, Bithynien, Kappadokien und aus Syrien. Sie brachten neue Sitten, Kulte und Denkweisen, aber auch neue Talente nach Rom. Sie arbeiteten als Köche, Bäcker, Musiker, Tänzer, Schauspieler, Lehrer, Ammen, Diener, Ärzte, Sekretäre, Stenographen, Boten, Verwalter, Handwerker und Händler. Rom bot viele Beschäftigungsmöglichkeiten, denn schon die Bevölkerungszunahme erzeugte neue Bedürfnisse. Der Import von Lebensmitteln und anderen Gütern des täglichen Bedarfs, die Versorgung der Truppen, der Schiffsbau, nicht zuletzt die Schaffung von Wohn-

Das Innere des Pantheons in Rom – heute Kirche S. Maria ad Martyres – auf einer historischen Aufnahme aus dem Jahr 1935.

Unzweifelhaft eine Metropole: Auf dem Ausschnitt des Stadtmodells, das Rom im 4. Jahrhundert zeigt, ist in der Bildmitte das Kolosseum zu sehen, links der Circus Maximus.

und Geschäftsraum sowie öffentliche Bauvorhaben eröffneten weite Betätigungsfelder und Arbeitsplätze. Bezahlt wurden diese Ausgaben aus Reparationen der Besiegten, aus Beute, aus den Tributen der Provinzen, den Gold- und Silberbergwerken Spaniens und Makedoniens, bisweilen auf dem Umweg über die Schatullen der Aristokratie. Eine Metropole wurde Rom, seitdem es über die Ressourcen des Mittelmeerraums verfügte.

Bauboom im 2. Jahrhundert v. Chr.

Das Stadtbild wandelte sich im Verlauf des 2. Jahrhunderts vielleicht in stärkerem Maß als in allen vorangegangenen Jahrhunderten zusammengenommen. Am Beginn des 2. Jahrhunderts, so der augusteische Historiker Livius, sei die Stadt weder mit schönen öffentlichen Plätzen und Bauten noch mit attraktiven Privathäusern ausgestattet gewesen. In der Tat war Rom im Vergleich zu glanzvollen Metropolen des Ostens, etwa Alexandria, provinziell. Selbst das politische Zentrum, das Forum, war nach damaligen „internationalen" Maßstäben kaum vorzeigbar, die Straßen waren großenteils ungepflastert, die Kanalisation war rudimentär. In augusteischer Zeit hatte sich dies grundlegend geändert. „Nach meiner Meinung sind die Aquädukte, gepflasterten Straßen und Kloaken die glanzvollsten Leistungen der Römer, in denen die Größe ihrer Herrschaft sich spiegelt", schrieb damals der griechische Historiker Dionysios von Halikarnassos in seinen „Antiquitates Romanae".

Zwar gab es schon zuvor einzelne Anlagen dieser Art, aber ihr systematischer Ausbau setzte doch erst jetzt ein. Trotz einer sehr lückenhaften Überlieferung wissen wir für den Zeitraum zwischen etwa 200 und 133 von 80 öffentlichen Bauprojekten; ihre tatsächliche Zahl muß aber weit höher gewesen sein. Siegreiche Feldherren errichteten Triumphalarchitektur in Gestalt von Bögen und Tempeln. Griechische Architekturelemente wurden dominierend: Steinarchitrave (die Säulen verbindende Querbalken) mit ornamentalen Stuckfriesen, umlaufende Säulenhallen, der weißglänzende, dem Marmor ähnliche Travertin-Kalkstein für Säulen und Gebälk und auch griechischer Marmor wurden für den Schmuck von Tempeln verwendet. Griechische Architekten waren beteiligt, und attische Künstler schmückten die Bauten mit Statuen. Säulenhallen liefen nun entlang den Straßen als Überdachung der Bürgersteige und rahmten nach hellenistischem Vorbild einen rechteckigen Platz auf allen vier Seiten ein; ihre korinthischen Kapitelle wurden mit Bronze überzogen, so daß sie in der Sonne golden glänzten.

Alte Amts- und Marktgebäude wurden restauriert oder komplett neu errichtet, den Lebensmittelmarkt nordöstlich des Forum Romanum gestaltete man gründlich um. Eine revolutionierende Neuerung im Bereich der öffentlichen Zweckbauten war die „Erfindung“ der Basilika, einer aus der hellenistischen Architektur abgeleiteten, säulen- oder pfeilergestützten, wenigstens dreischiffigen Halle, deren Seitenschiffe niedriger waren als das Hauptschiff, so daß dieses durch Fenster von oben beleuchtet werden konnte. Die vom älteren Cato als Censor im Jahr 184 errichtete Basilica Porcia eröffnete den Reigen an der Nordecke des Forums. Ihr folgten die

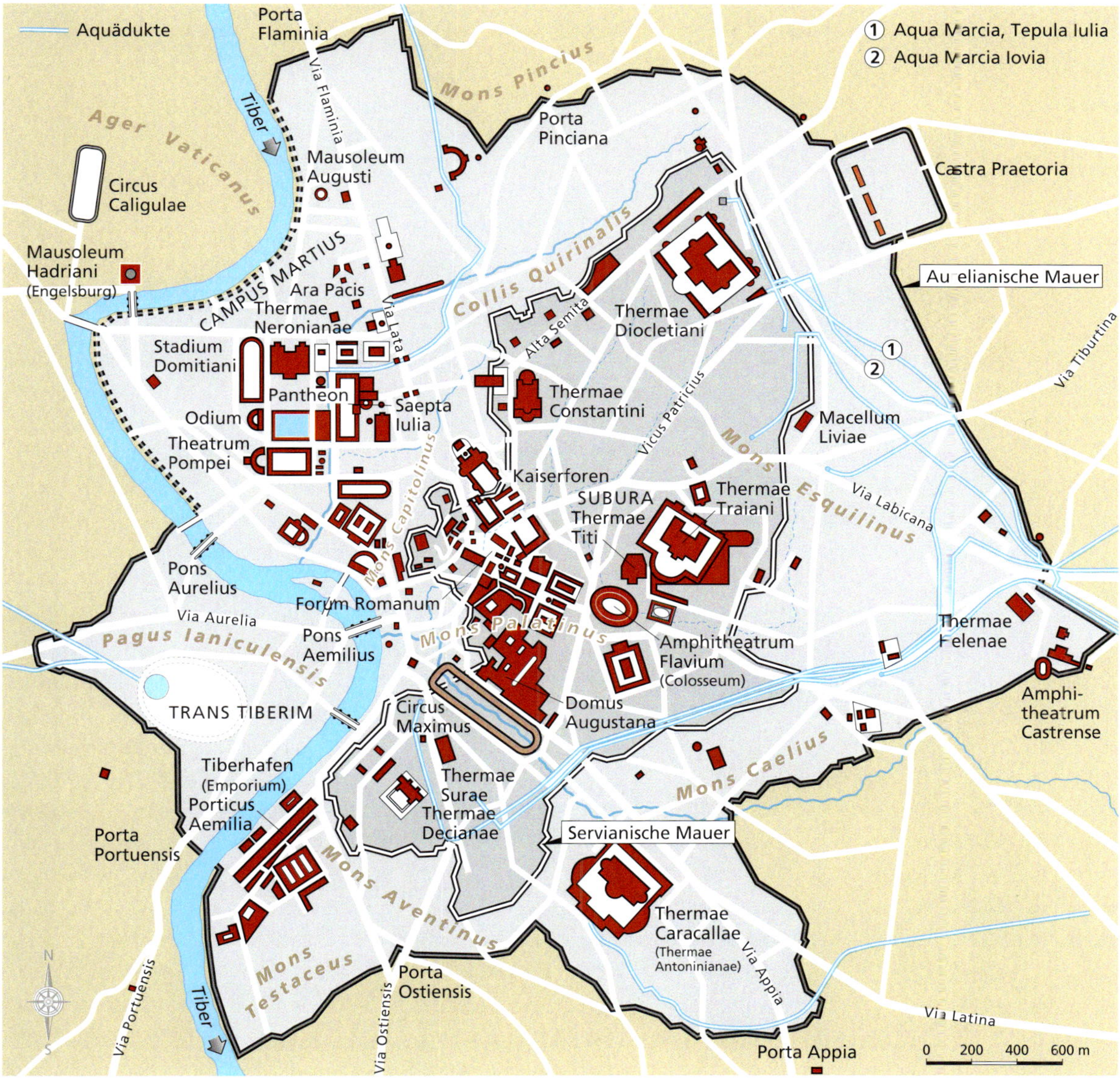

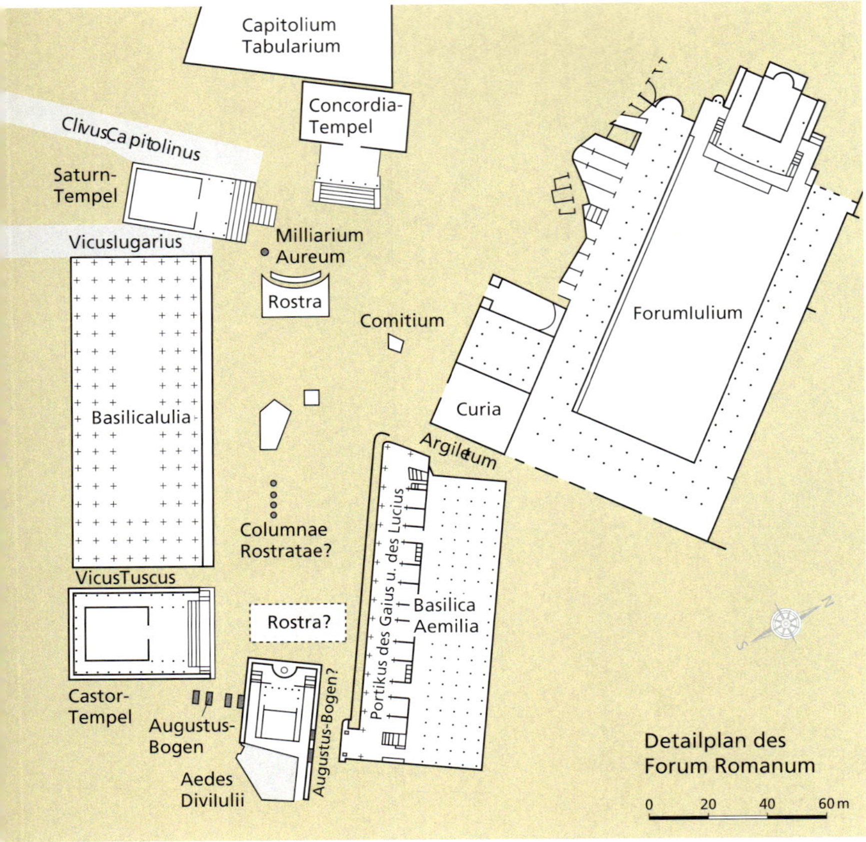

Detailplan des Forum Romanum

wesentlich größeren Basilica Aemilia und Basilica Sempronia, welche die Langseiten des Platzes säumten. Dies war der Beginn einer architektonischen Rahmung des Forumsplatzes nach dem Vorbild hellenistischer, von Säulenhallen gesäumter Platzanlagen. Die Basilika diente öffentlichen und halböffentlichen Geschäften, etwa Gerichtssitzungen und Aktivitäten von Geldwechslern, und war ein deutliches Indiz für die fortschreitende Intensivierung des öffentlichen und geschäftlichen Lebens. Das Forum wurde nun Zentrum geldwirtschaftlicher Transaktionen, die auch Kontoführung, Annahme von Einlagen gegen Zinszahlung und die Erledigung von Zahlungsanweisungen umfaßten. Die größten Geldverleiher waren freilich nicht die berufsmäßigen Bankiers, sondern Mitglieder der sozialen Elite, insbesondere Senatoren, die über Mittelsmänner beträchtliche Summen gegen Zinszahlung zur Verfügung stellten und auch im Immobiliengeschäft tätig waren. Auch die meist dem ritterlichen *ordo* (Stand) angehörenden Pächter großer Staatsaufträge (etwa öffentlicher Bauten, Heereslieferungen und Steuereinziehung) waren Inhaber großer Vermögenswerte: Sie investierten etwa in große Transportschiffe, die Nahrungsmittel nach Rom brachten.

Staatlich finanziert war die Porticus Aemilia, das größte Gebäude, das die Römer je zu Handelszwecken errichteten. Die Halle war 487 Meter lang, 60 Meter breit und bedeckte eine Fläche von 29 220 Quadratmetern; 294 Pfeiler unterteilten sie in 50 jeweils 8,3 Meter breite überwölbte Schiffe. Sie war Teil des seit Beginn des 2. Jahrhunderts erfolgenden Ausbaus der Hafenzone am Tiber, wozu auch eine bessere Befestigung des Flußufers gegen die häufigen Überschwemmungen gehörte. Man errichtete eine Ufermauer sowie 500 Meter lange und 90 Meter breite Kaianlagen, ferner Werften und Büros. Das Verkehrsnetz in der Hafenzone wurde ausgebaut, und man pflasterte die Straßen, damit sie dem lebhaften Wagenverkehr gewachsen waren, den der Transport der Waren erforderte. Der Pons Aemilius überspannte als erste Steinbrücke Roms den Tiber.

Der neue Hafen war gewissermaßen der Mund für den gefräßigen Magen der Metropole, deren Versorgung mit Getreide zusammen mit dem öffentlichen Bauwesen jetzt zur wichtigsten Aufgabe der zuständigen Amtsträger, der Ädilen, geworden war – erst recht, nachdem C. Gracchus im Jahr 123 einen dauerhaft staatlich subventionierten Verkauf von Getreide an römische Bürger durchgesetzt hatte. Eine antike Großstadt war überaus anfällig für Nahrungsmittelknappheit, die aufgrund der Transportverhältnisse leicht katastrophale Formen annehmen konnte. Die römischen Magistrate mußten eine hinreichende Zahl von Transportunternehmern dazu bewegen, Getreide einzuführen, vor allem über den Seeweg aus Sizilien und Nordafrika. Dazu brauchte man einen geeigneten Seehafen. Gleichzeitig mit dem Ausbau des stadtrömischen Tiberhafens wurde die ursprüngliche Militärkolonie Ostia zu einer Hafensiedlung Roms umgestaltet. Allerdings verfügte sie noch nicht über einen vor Stürmen hinreichend geschützten Kunsthafen, so daß zunächst das kampanische Puteoli der wichtigste Importhafen Roms wurde. Von dort wurden die Waren teils auf dem Landweg transportiert, teils auf kleinere Schiffe umgeladen, die den Küstenweg nach Ostia nahmen; per Treidelverkehr erfolgte dann der Transport in den stadtrömischen Tiberhafen. Dorthin gelangten aber auch kleinere Schiffe oder Boote, die Waren aus dem Binnenland, insbesondere aus dem fruchtbaren Etrurien, brachten. Das nähere und weitere Umland Roms geriet wirtschaftlich in den Sog der Metropole und profitierte davon. Hier entwickelte sich jene an rationellen, auf Gewinn zielenden Gesichtspunkten orientierte Sklavenwirtschaft, welche Cato der

Ältere in einem Handbuch über die Landwirtschaft gewissermaßen zur Norm erhob.

Neben der Einfuhr von Nahrungsmitteln und dem Ausbau der damit verbundenen Infrastruktur waren Kanalisation und Wasserversorgung die drängendsten Probleme. Man baute neue Kloaken, verpachtete ihre Reinigung an private Unternehmer, versah die Wasserbecken der öffentlichen Brunnenhäuser mit steinernen Umrandungen und führte den gewaltigen Aquädukt der Aqua Marcia über 90 Kilometer Länge aus dem oberen Anio-Tal heran; er konnte täglich fast 200 Millionen Liter Wasser nach Rom bringen. Nur 20 Jahre später folgte die kleinere Aqua Tepula. Auf diese Weise wurde die Wasserzufuhr nach Rom fast verdoppelt, wobei freilich Wartungsprobleme und mißbräuchliches Anzapfen die eigentliche Kapazität minderten.

Private Bauherren und Spekulanten

Neben öffentlichen Großbauten trug die Errichtung zahlreicher Privathäuser zu einem regelrechten Bauboom bei. Im letzten Viertel des 2. Jahrhunderts erließ man ein Gesetz, das die Haushöhe beschränkte. Weitere Bauvorschriften untersagten die Errichtung einer gemeinsamen Brandmauer, schrieben Grenzabstände sowie die Dicke der Außenmauern vor. Die Versorgung einer wachsenden Bevölkerung mit Wohnraum hatte offensichtlich zur Errichtung instabiler Hochbauten (*insulae*) geführt, doch die Gesetze beseitigten die Probleme nicht. Pfusch am Bau durch schlechte Architekten und geldgierige Bauherren führte dazu, daß die Fundamente in bisweilen sumpfigem Untergrund nicht ausreichend tief und fest gegründet wurden, so daß die Häuser bei Tiber-Überschwemmungen unterspült wurden und einstürzten. Die oberen Stockwerke waren oft in Leichtbauweise errichtet (mit Holz und luftgetrockneten Lehmziegeln für die Zwischenwände) und dadurch höchst feuergefährdet. Brände waren häufig, und Feuersbrünste legten bisweilen ganze Stadtviertel in Schutt und Asche. Die öffentliche Brandbekämpfung war völlig unzureichend, reiche Privatleute mit ihren Sklaventrupps ergänzten sie. Crassus, der reichste Mann Roms, der 71 v. Chr. den Spartakus-Aufstand niederschlug und ein Jahr später mit Pompeius zum Konsul gewählt wurde, nutzte Brandkatastrophen zur Immobilienspekulation.

Die massenhafte Errichtung großer Mietshäuser wurde erleichtert durch einen geradezu revolutionären Wandel der Bauweise, der es überhaupt erst ermöglichte, die rapide wachsende Bevölkerung einigermaßen mit Wohnraum zu versorgen. Seit etwa 200 v. Chr. verwendete man in Rom den wohl in Kampanien erfundenen „Beton", bei dem man Zement aus Kalk und vulkanischer Asche mit Steinbrokken und Wasser vermischte. Diesen Gußbeton verkleidete man mit kleinen, standardisierten Tuffsteinen und konnte so stabilere und höhere Mauern errichten und große Gewölbe konstruieren. Auch unter dem Aspekt der Rationalisierung der Arbeit (bei der Verarbeitung des Baumaterials wie beim Anlernen von Arbeitskräften) war dieses Verfahren wesentlich billiger als die traditionelle Quaderstein-

Rekonstruktionszeichnung eines mehrstöckigen römischen Mietshauses (Peter Connolly, 1998). Seit 200 v. Chr. wurde für den Bau solcher „insulae" Gußbeton verwendet. Dies war wesentlich billiger als die traditionelle Quaderbauweise.

Drei wiederaufgerichtete Säulen des Tempels der Venus Genetrix auf dem Forum Iulium.

bauweise. Ebenfalls aus Kampanien importierte man die Technik des Mosaikfußbodens und der Fußbodenheizung – Voraussetzung für die Einführung des Thermalbads zunächst in reichen Privathaushalten. Mit der Eroberung des östlichen Mittelmeerraums war das Eindringen eines verfeinerten Lebensstils in den führenden römischen Kreisen verbunden, und dazu gehörte eine luxuriösere Ausgestaltung der aristokratischen Häuser.

Neben das traditionelle Atriumhaus trat das über Kampanien aus der hellenistischen Welt eingeführte, um einen säulenumstandenen Innenhof gruppierte Peristylhaus. Das letzte Jahrhundert der Republik sah die Entstehung luxuriöser Stadthäuser (*domus*) und Villen mit großen Parkanlagen (*horti*) vor allem auf den klimatisch gesunden Hügelkuppen. Gewaltige Repräsentations- und Empfangsräume, eine luxuriöse Ausstattung mit Marmorverkleidung, Marmorsäulen, Statuen und Wandmalereien sowie Elementen der Sakralarchitektur entsprachen dem Repräsentationsbedürfnis der römischen Nobilität, die im Atrium auch Porträts und Karriere-Inschriften sowie Beutestücke aus den kriegerischen Triumphen ihrer Vorfahren zur Schau stellte.

Soziale Spannungen

Die gleichen gesellschaftlichen Kreise errichteten im Übergang von der Republik zum Prinzipat spektakuläre, zum Teil gewaltige Grabmonumente. Am anderen Ende der gesellschaftlichen Skala wurden ärmere Stadtbewohner in Massenfriedhöfen auf dem Esquilin verscharrt und litten Teile der stadtrömischen Bevölkerung unter den mit der Verknappung des Wohnraums steigenden Mieten und einer harten Schuldnergesetzgebung, so daß es Mitte des 1. Jahrhunderts v. Chr. zu gewaltsamen Unruhen kam und Caesar gesetzlich einen befristeten Mieterlaß und erleichterte Schuldentilgung verfügte.

Die Entstehung der Metropole Rom war folglich begleitet von einer wachsenden sozialen Kluft zwischen dem teilweise enormen Reichtum führender Familien und den in der Regel bescheidenen Lebensverhältnissen einer in großen Wohnblocks untergebrachten einfachen Bevölkerung. Die aus dem hellenistischen Osten eindringenden geistigen Einflüsse vergrößerten diesen Abstand. Griechische Philosophie, Rhetorik und Kunst standen nur der Führungsschicht zur Verfügung, die dieses Instrumentarium zur Festigung ihrer Dominanz und zur Selbstdarstellung nutzte. Eine gewisse Brücke schlug die Entstehung eines ebenfalls an griechischen Vorbildern orientierten, auf bestimmte religiöse Festtage begrenzten römischen Theaters, an dem alle Bevölkerungsgruppen als Zuschauer teilnehmen konnten, wenn auch in streng hierarchischer Sitzordnung gegliedert. Aber die Furcht konservativer Kreise vor den in der griechischen Welt mit dem Theater verbundenen politischen Demonstrationen des Publikums verhinderte bis zur Mitte des 1. Jahrhunderts v. Chr. die Errichtung eines dauerhaften Steintheaters. Als Argument konnten die offenkundigen Folgen des Eindringens östlicher religiöser Strömungen dienen, die besorgniserregende exotische Rituale und Sitten nach Rom brachten und teilweise gewaltsam unterbunden wurden. Selbst die griechische Medizin war verdächtig; über eine öffentliche medizinische Versorgung verfügte Rom nicht. Rom zögerte noch, eine Weltmetropole für alle Kulturen und religiösen Strömungen des Mittelmeerraums zu werden.

Die häufigen und oft gewalttätigen Unruhen, welche die Stadt von der Gracchenzeit bis zum Ende der Republik erlebte, waren eine Folge des Zusammenbruchs des Wertekonsenses in der römischen Gesellschaft, der seinerseits mit der Ausdehnung des römischen Herrschaftsbereichs zusammenhing. Er vollzog sich innerhalb der Eliten sowie zwischen diesen und der einfachen, multiethnischen und multikulturellen Bevölkerung. Handfeste politische und wirtschaftliche Interessenkonflikte führten zu Mord und Totschlag, und angesichts des Fehlens einer Polizei in einem auf persönlichen Abhängigkeiten und der Autorität der Magistrate sowie der gesellschaftlichen Elite gegründeten Ordnungssystem waren die Verhältnisse vor allem in den 50er und 40er Jahren des 1. Jahrhunderts v. Chr. zeitweilig kaum mehr in den Griff zu bekommen. Hinzu kam das Chaos der Bürgerkriege mit den gewaltsamen Besetzungen Roms, mit Massenhinrichtungen und Konfiskationen, Bränden und Zerstörungen.

Die Monumentalisierung des Stadtzentrums

Zwar wurden weiterhin öffentliche Bauten errichtet, insbesondere Tempel, sie waren aber zunehmend architektonische Manifestationen der Dominanz großer Einzelpersönlichkeiten oder des Sieges bestimmter politischer Richtungen und sozialer Gruppen über andere. So feierte der am Nordwestrand des Forum Romanum errichtete Tempel der Concordia den Sieg der Senatspartei über ihre gracchischen Gegner. Auch Zweckbauten, wie das von Sulla neuerrichtete Versammlungslokal des Senats (Curia Cornelia) und das ebenfalls von ihm initiierte gewaltige Tabularium (ein für das Senatsarchiv bestimmtes Verwaltungsgebäude), waren nicht zuletzt Triumphmonumente der wiederhergestellten Senatsherrschaft.

Diese Monumente wurden seit der Mitte der 50er Jahre in den Schatten gestellt von den großen Bauensembles eines Pompeius und Caesar, die den Auftakt zu der grandiosen Monumentalisierung des Stadtzentrums und des Marsfelds bildeten, welche Rom auch in urbanistischer Hinsicht zur bedeutendsten Metropole der antiken Welt erhob. Noch heute orientieren sich Straßenzüge und Häuserblocks des zentralen Marsfelds an der Ausrichtung der gewaltigen pompeianischen Anlage. Sie bestand aus einem etwa 11 000 Zuschauer fassenden Steintheater, dem ersten Roms, das Pompeius als Treppenanlage für den in seinem Scheitelpunkt errichteten Tempel seiner Schutzgöttin Venus Victrix ausgab. Hinter dem Bühnengebäude erstreckte sich ein von langgestreckten Säulenhallen umgebener, mit üppigen Gartenanlagen, Wasserspielen und griechischen Statuen bestückter, riesiger Innenhof. Hier wurden unter anderem Kolossalstatuen der von Pompeius unterworfenen Völ-

Auf Gaius Iulius Caesar (zeitgenössische Porträtbüste) gehen zahlreiche Bau- und Infrastrukturmaßnahmen in Rom zurück. So ließ er unter anderem die über 100 Meter lange Basilica Iulia errichten, einen weitgehend mit Marmor verkleideten Prachtbau.

kerschaften aufgestellt. Der gesamte Komplex heroisierte den nach dem Vorbild Alexanders als Magnus bezeichneten Feldherrn.

Caesar sanierte die in den Wirren der späten Republik stark in Mitleidenschaft gezogene Stadt mit umfangreichen Infrastrukturmaßnahmen. So ließ er die Getreideversorgung neu ordnen, das Straßennetz restaurieren, den Verkehr regeln, Mieten und Schulden reduzieren. Er plante gewaltige Bauvorhaben und eine urbanistische Neugestaltung großer Teile der Stadt, die er freilich aufgrund seines frühen Todes nur zum geringeren Teil verwirklichen konnte. Dazu gehörten Großbauten am Forum Romanum und in dessen unmittelbarer Nachbarschaft. Teilweise beseitigte er die sullanischen Bauten, teilweise schuf er ein Gegengewicht zu ihnen. So ersetzte er etwa am Forum Romanum die alte Basilica Sempronia durch die weitgehend mit Marmor verkleidete, 101 Meter lange und 49 Meter breite Basilica Iulia; sie diente dem Geschäfts- und Gerichtswesen.

Das Forum Iulium rivalisierte mit der Anlage des Pompeius auf dem Marsfeld, übertraf sie aber durch die unmittelbar an das Forum Romanum angrenzende Lokalisierung. Axialsymmetrisch angelegt als 160 mal 75 Meter großes Rechteck, war es an drei Seiten von Säulenhallen eingefaßt, mit einem auf hohem Podium stehenden Tempel an der nordwestlichen Schmalseite. Dieser war der Venus Genetrix, der mythischen Stammutter des iulischen Geschlechts, geweiht. In der Mitte des Forums wurde eine Bronzestatue von Caesars Lieblingspferd aufgestellt, dem er den Namen des Pferdes Alexanders des Großen verliehen hatte: Bukephalos (nach Caesars Tod fügte man eine Reiterstatue des Diktators hinzu). So wurde die göttliche Herkunft Caesars verknüpft mit seinen alexandergleichen Leistungen. Im Tempel wurde eine Statue des „Vergöttlichten Iulius“ (*Divus Iulius*) errichtet und so der Kult für den verstorbenen Herrscher in Rom eingeführt. Das Caesar-Forum diente Geschäftszwecken, aber vor allem öffentlichen Angelegenheiten: Gerichtssitzungen in den Säulenhallen, Senatssitzungen im Tempel und informelle Volksversammlungen ließen es als Erweiterung und zugleich als Rivalen des Forum Romanum erscheinen, das es nach Auffassung des Historikers Cassius Dio an Schönheit übertraf. Die mit Statuen geschmückten Säulenhallen waren als Kunstmuseum gedacht.

„Raum der Masken" im Haus des Augustus auf dem Palatin, erbaut 36 v. Chr.

In dem zwischen 72 und 80 erbauten Kolosseum (Ansicht von Norden) fanden vor allem Gladiatorenspiele und Tierhetzen statt. In dem Amphitheater hatten bis zu 70 000 Zuschauer Platz.

Die Stadt aus Marmor

Mit Pompeius und Caesar setzte eine imperiale und monarchische Gestaltung der Hauptstadt in Anlehnung an hellenistische monarchische Konzepte ein. Die caesarische Partei prägte auch nach der Ermordung des Diktators das Stadtbild, insbesondere mit den Großbauten des Augustus. Dieser setzte zudem statt der bis dahin noch vorwiegend verwendeten lokalen bzw. regionalen Baumaterialien Tuff und Travertin in großem Umfang den aus verschiedensten Teilen des Reiches herangeschifften „imperialen“ Marmor ein und erhob den freilich übertriebenen Anspruch, Rom aus einer Stadt der Ziegel in eine aus Marmor verwandelt zu haben. Er errichtete ferner, wie augusteische Dichter es formulieren, „goldene Tempel“, womit sie auf die vergoldeten Bronzeziegel der Dächer und Bronzebuchstaben der Bauinschriften anspielen. „Schmücke diese unsere Hauptstadt mit aller Pracht und schaff ihr Glanz mit Festlichkeiten jeglicher Art! Denn es ist wohl angezeigt, daß wir, die Herren über zahlreiche Völker, alle Menschen in allen Dingen übertreffen, und Prunk solcher Art trägt auch dazu bei, unsere Bundesgenossen mit Ehrfurcht, unsere Feinde aber mit Schrekken zu erfüllen“. Cassius Dio zufolge soll Maecenas, ein enger Vertrauter des ersten Princeps, Augustus diesen Rat erteilt haben.

Das Privathaus des Augustus auf dem Palatin gab sich zwar bescheiden, legte aber mit der Verbindung von triumphalen, sakralen und mythologischen Komponenten – unter anderem der unmittelbaren Nachbarschaft zu einem Tempel des Apollon, dem ersten ganz aus schneeweißem Carrara-Marmor gefertigten Bau Roms – die architekturideologischen Grundlagen für den in den folgenden Jahrzehnten entstehenden Palast des gottähnlichen römischen Herrschers. Der Dichter Ovid nennt das Haus des Augustus *Palatia*. Gewaltiger war freilich das für ihn vorgesehene dynastische Grabmal, das an das Grab Alexanders des Großen in Alexandria anknüpfte: Das Mausoleum Augusti ragte auf dem

Stadtzentrum den vorhandenen Wohnraum. Dies galt weniger für das Forum Romanum, welches Au-

sammengenommen beanspruchte, hatte der Kaiser nicht ein großes, modernes Marktgebäude daran

Um 25 v. Chr. begann der Feldherr Agrippa mit dem Bau der ersten öffentlichen Thermenanlage Roms, die mit einem Gymnasium und Anlagen für athletische Wettkämpfe griechischen Stils verbunden war. Eine große Parkanlage schloß sich an, durch die ein Kanal zum Tiber lief, flankiert von kostbaren Statuen wie dem berühmten Schaber des Lysippos (oben eine zeitgenössische römische Kopie).

angebaut. Das aus der Beute der Daker-Kriege finanzierte und als Triumphmonument errichtete Traiansforum war nicht nur das größte, sondern auch das prunkvollste Kaiserforum: Ein dreitoriger Triumphbogen als Eingang, gewaltige Säulenhallen, eine 159 mal 55 Meter große, fünfschiffige Basilika, die vollständig mit Marmor ausgekleidet, mit Bronzeziegeln gedeckt und mit zwei Bibliotheksgebäuden verbunden war, sowie die einschließlich Sockel und Statue 40 Meter hohe Traianssäule, deren 200 Meter langes Reliefband die Daker-Kriege schildert, bildeten ein atemberaubendes Ensemble. Die Anlage war zudem eine beachtliche Ingenieurleistung. Die Inschrift auf dem Sockel der Traianssäule behauptet, daß diese anzeige, bis zu welcher Höhe das Gelände abgetragen wurde, um eine direkte Verbindung zwischen den Kaiserforen und dem Marsfeld zu schaffen. Nachdem Hadrian zwischen Kolosseum und Forum Romanum einen gewaltigen Tempel für Venus und Roma mit großen umlaufenden Säulenhallen hatte errichten lassen, stand dem römischen Volk eine mehrere Kilometer lange „Flaniermeile“, gesäumt von glanzvoller Architektur, zur Verfügung.

Das Traiansforum diente vor allem administrativen Zwecken und Staatsakten. Die verlorengegangenen Einkaufsszentren sollten die Traiansmärkte ersetzen. Die in Ziegelbauweise errichtete Nutzanlage beherbergte auf fünf terrassenförmig gestaffelten Ebenen etwa 500 Geschäfte (*tabernae*) und einen großen Saal als Marktzentrum. Schon Augustus hatte auf dem dichtbevölkerten Esquilin einen nach seiner Ehefrau Macellum Liviae genannten Lebensmittelmarkt und am Fuß des Palatins die Horrea Agrippiana als Speicher- und Marktanlage geschaffen. Mit dem Bau der vorläufig größten Thermenanlage Roms – verbunden mit Parkanlagen – sorgte Traian zudem für die Hygiene der Bevölkerung im Zentrum. Überboten wurde sie im zweiten Jahrzehnt des 3. Jahrhunderts durch die Caracalla-Thermen im Süden und um 300 durch die Diokletiansthermen auf dem Quirinal im Norden.

Verwaltung, Verkehr und Wohnraum in der Metropole

Betrachtet man die gewaltigen Flächen, die diese öffentlichen Anlagen einnahmen, und zieht dabei noch in Betracht, daß spätestens seit Domitian der gesamte Palatinshügel für die kaiserliche Residenz einschließlich Verwaltung reserviert war, fragt man sich, wo die etwa eine Million Einwohner lebte, die man für das kaiserzeitliche Rom anzunehmen geneigt ist. Wie weit reichte das Stadtgebiet? Es gab mehrere Grenzen Roms: eine sakrale, eine topographische und eine rechtlich-administrative. Keine von ihnen war identisch mit dem alten republikanischen Verteidigungsring der Servianischen Mauer oder der im 3. Jahrhundert errichteten Aurelianischen Mauer. Letztere war 19 Kilometer lang und umfaßte ein Areal von knapp 1400 Hektar, aber manche Stadtviertel erstreckten sich weit über den Mauerring hinaus. Die augusteische Gliederung sollte das Stadtgebiet völlig erfassen; Rom wurde in 14 Verwaltungsregionen aufgeteilt, welche die Grundlage für verschiedene Verwaltungszweige bildeten: Feuerwehr, Polizei, Nahrungsmittelversorgung, Gerichtsbarkeit. In der Terminologie der kaiserzeitlichen Juristen wird das Stadtgebiet freilich topographisch durch das Kriterium der „zusammenhängenden Bebauung" (*continentia*) und administrativ durch eine Verwaltungsgrenze definiert, die man sich 1,5 Kilometer (eine römische Meile) von der Bebauung entfernt dachte. Da die Grenze der *continentia* flexibel gewesen sein muß, war wohl auch die Ein-Meilen-Verwaltungsgrenze veränderbar.

Rom verfügte zudem über ein ausgedehntes *suburbium*, wie uns der griechische Historiker Dionysios von Halikarnasssos bereits für die augusteische Zeit berichtet: „Wenn jemand ... die Größe Roms ermessen will, so wird er sich verloren fühlen und keinen sicheren Anhaltspunkt in Händen halten, der ihm erlauben würde zu bestimmen, bis wohin Rom sich noch als Stadt erstreckt und von wo an es aufhört, eine Stadt zu sein; so sehr sind städtischer und ländlicher Siedlungsbereich ineinander verwoben und bietet sich dem Betrachter der Eindruck einer sich ins Unendliche ausdehnenden Stadt dar." Die archäologische Erforschung der *Campagna* hat diese Schilderung bestätigt. Die Landschaft um Rom war in der Kaiserzeit übersät mit Wohnquartieren, die sich an den Ausfallstraßen entlangzogen, mit Villen, Bauernhöfen, kleinen und größeren Siedlungen, Heiligtümern und Gräbern; sie war von einem ausgeklügelten Entwässerungssystem und einem dichten Straßennetz durchzogen. Der zum *suburbium* gerechnete Bereich reichte bis zu 40 Kilometer aus Rom hinaus. Es war freilich keine Vorstadt im modernen Sinn, sondern geprägt von der mit literarischer Tätigkeit erfüllten Muße der römischen Elite in suburbanen Villen, zudem von Landgütern und Dörfern, deren agrarische Aktivitäten der Versorgung Roms

Um die Einfuhr von Getreide aus Nordafrika zu erleichtern, wurde die ehemalige Militärkolonie Ostia zur Hafensiedlung Roms ausgebaut. Das Relief (um 200) zeigt die Ankunft eines Schiffs in Ostia.

dienten, von Steinbrüchen, Manufakturen und Handwerksbetrieben, die Baumaterial und Fertigprodukte in die Hauptstadt lieferten.

Auch in der Kaiserzeit waren längst nicht alle öffentlichen Verkehrswege für Schwerlasttransporte geeignet. Zwar hatte Nero nach dem Brand Roms im Jahr 64 die zerstörten Stadtviertel in Form einer an hellenistischen Vorbildern orientierten Stadtplanung mit breiteren Straßen und regelmäßigeren Häuserreihen aufbauen lassen. Auch die neuen Wohnviertel auf dem Marsfeld waren großzügig angelegt, und die Verbindung zwischen den beiden Tiberufern wurde im Verlauf der Kaiserzeit durch insgesamt acht Brücken wesentlich erleichtert. Aber der größte Teil des Stadtgebiets zeichnete sich durch ein unregelmäßiges Straßengewirr mit der Topographie angepaßten, gewundenen, engen Gassen und Treppenwegen aus, die sich über Hügelhänge und durch Senken schlängelten und nur gelegentlich in kleine Plätze erweiterten. Handwerker und Händler, die den öffentlichen Raum vor ihren Werkstätten und Läden (*tabernae*) okkupierten, verengten zusätzlich die Straßen.

Wohnraum war knapp und recht teuer, Immobilienspekulation an der Tagesordnung, wenn auch durch Gesetze eingedämmt. Zwar gibt es keine Indizien für die Existenz von Slums, die Bevölkerungsdichte muß aber sehr hoch gewesen sein. Das einfache Volk drängte sich in Wohnblocks, die nicht selten 30 Meter hoch waren. Latrinen und Kanalisation gab es allenfalls in komfortableren Wohnungen im Parterre, Wasser mußte man sich aus Brunnen im Innenhof oder öffentlichen Nymphäen (Brunnenanlagen) holen. Relativ wenige und kleine Fenster, oft ohne Fensterglas, ließen wenig Licht in die Räume. Zur Beheizung gab es nur Holzkohlebekken – mit der Gefahr einer Rauchvergiftung und von Bränden. Die Möblierung war äußerst sparsam. Hygiene und Komfort wurden dem Großteil der stadtrömischen Bevölkerung nur in öffentlichen Anlagen geboten, dies freilich in einem bis in das 20. Jahrhundert nicht übertroffenen Ausmaß. Es gab zahllose öffentliche oder von Privatleuten errichtete Latrinen und Badegebäude, die gegen geringe Gebühr oder kostenlos benutzbar und zugleich Orte der Geselligkeit waren; im Fall der mit Übungsräumen und Bibliotheken ausgestatteten großen Kaiserthermen dienten sie auch der körperlichen Ertüchtigung und dem intellektuellen Vergnügen. Freilich trugen die Badehäuser auch zur Verbreitung ansteckender Krankheiten bei. Zwar überprüfte die öffentliche Verwaltung die Sauberkeit des Wassers und den sonstigen hygienischen Zustand der Anlagen, desgleichen die Qualität der auf öffentlichen Märkten und in Gaststätten verkauften Nahrungsmittel und die Prostitution; über ein wirksames medizinisches Mittel gegen Seuchen verfügte man jedoch nicht. Als Isolierstation und Sanatorium diente die Tiber-Insel mit ihrem Hospitalbetrieb, aber eine staatliche medizinische Versorgung gab es wohl erst in der Spätantike.

Brot und Spiele?

Auch ein staatliches Bildungswesen entstand vermutlich erst in der Spätantike. Die Regel war Privatunterricht, der entweder in wohlhabenden Häusern oder in gewerblich betriebenen, der Öffentlichkeit gegen eine relativ geringe Gebühr zugänglichen Elementarschulen angeboten wurde. Da Sachverhalte öffentlichen Interesses immer schriftlich bekanntgemacht wurden und dies einen festen Platz im Leben Roms hatte, können wir wohl davon ausgehen, daß relativ viele Einwohner zumindest über eine gewisse Lesefähigkeit verfügten. Staatlich gefördert wurde aber nur die höhere Bildung, der große Bedeutung für die Rekrutierung von Verwaltungspersonal zukam. Lehrer der *artes liberales*, insbesondere Grammatik- und Rhetoriklehrer sowie Philosophen und Philologen, erhielten eine feste staatliche Besoldung. Öffentliche Bibliotheken förderten das wissenschaftliche Studium. Der Bildung im weiteren Sinn dienten auch Theateraufführungen, musikalische und rhetorische Darbietungen in dafür errichteten luxuriösen und ein vieltausendköpfiges Publikum fassenden öffentlichen Bauten. Rom war die kulturelle Metropole der Mittelmeerwelt, in welche Gelehrte und Literaten aus dem lateinischen Westen wie aus dem griechischen Osten strömten. Hier präsentierten sie ihr Wissen und trugen aus ihren Werken vor.

Wesentlich mehr Zuschauer lockten freilich die Gladiatorenspiele und Tierhatzen im Kolosseum, die athletischen Wettkämpfe im Stadion und die Wagen- oder Pferderennen im bis zu 150 000 Zuschauer fassenden Circus Maximus an. Diese Arenen waren zugleich die wichtigsten Begegnungsstätten zwischen Kaiser und Volk, gewissermaßen ein Ersatz für die obsolet gewordene Volksversammlung. Die stadtrömische Bevölkerung formierte sich in Theater- und Circus-Parteien, die nicht nur ihre Protagonisten leidenschaftlich unterstützten, sondern auch politische Anliegen vorbrachten. In den

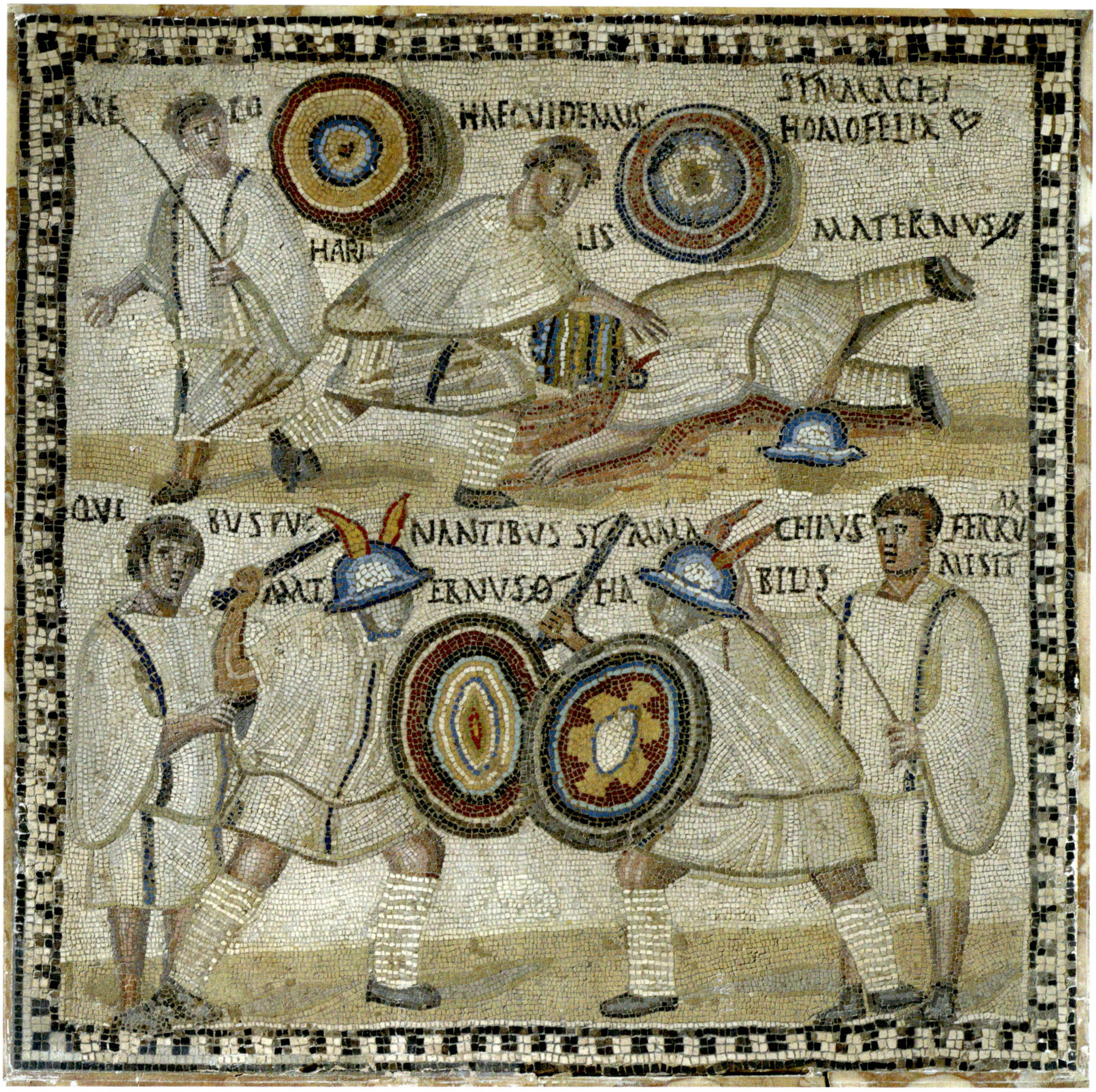

Kämpfende Gladiatoren, römisches Mosaik (4. Jahrhundert). Gladiatorenkämpfe fanden in Rom vor allem im Kolosseum statt.

Arenen entschied sich die Popularität und – in Form gewaltsamer Unruhen mit oft zahlreichen Opfern – bisweilen auch das Schicksal eines Regimes. Kein Wunder, daß die kaiserliche Verwaltung große Summen in diesen Bereich investierte.

Noch kostspieliger waren freilich die Garantie der öffentlichen Sicherheit sowie die Grundversorgung der Bevölkerung mit Nahrungsmitteln und Wasser. Seit Augustus war eine im eigentlichen Sinn städtische Verwaltung entstanden, deren Personal in Gestalt von Sklaven und Freigelassenen zunächst großenteils aus dem Privathaushalt des Princeps kam. Die im Jahr 58 v. Chr. eingeführte kostenlose Verteilung von je fünf Scheffeln Getreide monatlich an jeden zur Stadtbevölkerung gehörenden erwachsenen Bürger führte seit Augustus zur Herausbildung einer privilegierten *plebs frumentaria* von etwa 200 000 Berechtigten, für die es eine Nachrückerliste gab. Schon die monatliche Ausgabe von Getreide, später von gebackenem Brot und schließlich gelegentlich von Olivenöl, Schweinefleisch und – zu reduziertem Preis – Wein, erforderte einen erheblichen administrativen Aufwand.

Dieser wurde noch übertroffen von den logistischen Aufgaben, die der Transport von Lebensmitteln nach Rom stellte. Man brauchte dafür eine gewaltige Infrastruktur in Gestalt eines speziellen Verwaltungszweigs, der *annona*, ferner neue große Speicheranlagen und einen weiteren Ausbau des Tiber-Hafens; dieser erstreckte sich nun auch auf das rechte Flußufer und ließ in Trans Tiberim (Trastevere) ein Wohnquartier einfacher Leute entstehen. In Ostia schuf man sturmsichere Hafenanlagen.

Die Wagenrennen im Circus Maximus lockten bis zu 150 000 Zuschauer an. Das römische Mosaik aus dem 3. Jahrhundert n. Chr. zeigt einen Sieger mit seinem Gespann. In der Linken hält er einen Palmzweig als Siegestrophäe.

Auch die Trinkwasserversorgung wurde stark ausgebaut: Die Zahl der Aquädukte stieg auf elf, mit einer Gesamtkapazität von wohl wenigstens 700 000 Kubikmetern Wasser täglich, die über etwa 250 Verteilerbauten (*castella*) in mehr als 1300 öffentliche Brunnen sowie in Thermen, Latrinen und sonstige öffentliche Einrichtungen sowie – gegen eine Gebühr – in Privathäuser geleitet wurden. Die Wartung dieser Anlagen erforderte eine straffe Verwaltung mit viel Personal (etwa 700 Angestellte und Arbeiter). Das aus den Brunnen überfließende Wasser wurde in das dichte, teilweise heute noch genutzte Kloakennetz geleitet, um dieses zu reinigen. Administrativ war die Aufsicht über das Kloakensystem mit jener über das Tiberbett, die Flußufer sowie die Sauberkeit und Reparatur der Straßen verbunden. Weitere städtische Verwaltungszweige betrafen die öffentlichen Bauten und vor allem die öffentliche Sicherheit und Brand-

Marktstraße in Ostia. Die Mosaike auf dem Boden zeigen Handelsszenen.

bekämpfung. In den Unruhen der späten Republik hatte sich das Fehlen einer öffentlichen Feuerwehr und einer Polizeitruppe als sehr nachteilig erwiesen. Da die Stationierung von regulärem Militär innerhalb der sakralen Grenze der *urbs* traditionelle Normen verletzt hätte, beendete Augustus den Mißstand durch die Aufstellung zweier paramilitärischer Einheiten, die jeweils mehrere tausend Mann stark und gleichmäßig über das Stadtgebiet verteilt waren: Den Stadtkohorten (*cohortes urbanae*) oblag die Aufrechterhaltung von Ruhe und Ordnung, sie dienten zudem als Sicherheitspolizei; die aus Freigelassenen rekrutierten Wachtruppen (*vigiles*) waren mit der Bekämpfung von Bränden und nächtlichen Verbrechen betraut.

Die verschiedenen Verwaltungszweige waren freilich nicht in eine konsequent strukturierte Verwaltungshierarchie eingebunden. Zwar wurde unter Tiberius das Amt des *praefectus urbi* auf Dauer eingerichtet und sein Inhaber zumindest formal der oberste Leiter der Stadtverwaltung mit großen jurisdiktionellen Kompetenzen auch weit über das engere Stadtgebiet hinaus. Aber die Leiter der verschiedenen Verwaltungszweige hatten für ihren jeweiligen Bereich gleichfalls richterliche Befugnisse, und von ihrem Gericht konnte unter Umgehung des Stadtpräfekten direkt an den Kaiser appelliert werden. So gab es konkurrierende Amtsbereiche und problematische Kompetenzabgrenzungen. Letztlich war der Kaiser der eigentliche „Oberbürgermeister" der Stadt Rom, zumal er aus dem kaiserlichen Fiskus den Löwenanteil der anfallenden Unkosten bestritt; eine eigentliche städtische Kasse existierte nicht, und die Mittel der alten Staatskasse, die für städtische Aufgaben zur Verfügung standen, hätten bei weitem nicht ausgereicht.

Könnte man nach den bisherigen Ausführungen den Eindruck gewinnen, daß die Bevölkerung der Stadt vor allem aus Parasiten bestand, die auf Kosten der Steuern zahlenden Provinzen verwöhnt wurden, so muß diesem in der älteren Forschung verbreiteten Bild entgegengetreten werden. Die kostenlos verteilten Nahrungsmittel reichten bei weitem nicht aus, um den Lebensunterhalt in der teuren Reichshauptstadt zu bestreiten. Vielmehr war Rom auch eine Wirtschaftsmetropole. Nicht nur die zahlreichen Sklaven und Freigelassenen mußten arbeiten; dieses Schicksal blieb auch der Masse der freien Bürger nicht erspart. Die stadtrömischen Grabinschriften überliefern uns mehr als 200 verschiedene Gewerbe und Berufe, zusammengefaßt in etwa 170 Berufskorporationen. Die Spezialisierung und Arbeitsteilung war enorm, was von großer Nachfrage zeugt und davon, daß die Metropole sich mit Fertigprodukten weitgehend selbst versorgen konnte. Stadtrömische Erzeugnisse wurden auch in nicht unbeträchtlichem Umfang in die Provinzen exportiert.

Manufakturbetriebe florierten dank der Darlehen seitens der sozialen Eliten und einem vor allem aus der gesellschaftlich aufstrebenden Freigelassenenschicht rekrutierten Unternehmertum. Freigelassene verewigten ihren wirtschaftlichen und gesellschaftlichen Erfolg in monumentalen Grabdenkmälern, wie etwa jenem des Großbäckers Eurysakes an der Porta Maggiore oder dem einst an der Via Casilina stehenden Monument der Haterier: Dessen Reliefs führen die Beteiligung dieser Bauunternehmerfamilie an verschiedenen öffentlichen Großbauten vor Augen. Solche Unternehmer profitierten davon, daß der römische Staat auch in der Kaiserzeit noch viele öffentliche Aufgaben, nicht zuletzt im Bereich der städtischen Infrastruktur, an private Unternehmer verpachtete. Vor allem die fast ununterbrochene Bautätigkeit in der Metropole sicherte Zehntausenden regelmäßige Arbeitsmöglichkeiten im Bauhandwerk. Das gleiche gilt für die mit Transport, Lagerung und Verarbeitung der Importgüter zusammenhängenden Tätigkeiten. Auch Frauen waren in größerer Zahl tätig, nicht nur als Hebammen, in der Textilherstellung oder Körperpflege, sondern auch als Geschäftsinhaberinnen im Nahrungsmittelverkauf, als Ärztinnen, im Geldverleihwesen usw.

Die Charakterisierung der stadtrömischen Plebs als Mob, der sich nur mit „Brot und Spielen" befaßte, hat mithin ebensoviel Wahrheitsgehalt, wie wenn man den Deutschen unterstellte, sie seien nur mit Fußball beschäftigt. Die Stadtrömer waren in der Regel nicht untätig, und Bettler sind relativ selten bezeugt. Eine hinreichende Versorgung der Bürger mit Lebensmitteln und öffentliche Lebensmittelspenden gehörten bereits in der griechischen Polis-Welt zu den öffentlichen Aufgaben, und die Veranstaltung von „Spielen" aller Art gehörte zum zivilisatorischen Luxus, den man in ähnlicher oder anderer Form auch heute Bewohnern einer Metropole anzubieten pflegt. Die in ihrer ethnischen Zusammensetzung und ihrer – nunmehr auch das Christentum einbeziehenden – religiösen und kulturellen Vielfalt kosmopolitische Bevölkerung Roms dürfte das in prachtvolle Architektur gekleidete und durch einen reichhaltigen Festkalender gegliederte, kontrollierte Vergnügen in der Hauptstadt genossen haben. Und auch jene Intellektuellen, die ihrem Ekel vor dem großstädtischen Treiben literarischen Ausdruck verliehen, wollten auf die Kulisse, welche die Metropole ihren Satiren, Komödien und Liebesgedichten bot, nicht zugunsten der vom Satiriker Iuvenal empfohlenen Flucht in ein idyllisches Landstädtchen verzichten.

Prof. Dr. Frank Kolb
geb. 1945, lehrt Alte Geschichte an der Eberhard-Karls-Universität Tübingen. Die zweite Auflage seines Buches „Rom. Die Geschichte der Stadt in der Antike" erschien 2002.

Das Neue Rom im Osten

Hartmut Leppin

Konstantinopel: Von Byzanz zur christlichen Stadt

Konstantinopel ist älter, als sein Name – „Stadt Konstantins" – vermuten läßt. Konstantin der Große hatte es lediglich neu gegründet. Ursprünglich hieß der Ort nach dem mythischen Gründer Byzas Byzantion, ein Name, der stets in Erinnerung blieb, so daß man bis heute für das Mittelalter von einem Byzantinischen Reich spricht, das von Konstantinopel aus regiert wurde.

Ausschnitt aus der Tabula Peutingeriana, einer spätantiken Straßenkarte (links Konstantinopel).

Die geographische Lage bot sich für eine Stadtgründung förmlich an: Nicht nur die Verbindung zwischen Asien und Europa machte sie attraktiv, sondern mindestens ebenso die Möglichkeit, von hier aus den Wasserweg zwischen Ägäis und Schwarzem Meer zu kontrollieren. Denn wichtige Kontakte, zumal Handelsverbindungen, wurden in der alten Welt über den Seeweg abgewickelt, und der Raum um das Schwarze Meer lieferte wichtige Güter: Getreide, Rohstoffe, Pökelfisch, auch Sklaven, die für das aufblühende archaische Griechenland immer wichtiger wurden. Bewohner des nahe bei Athen gelegenen Megara gründeten um 660 v. Chr. auf der europäischen Seite des Bosporus, am Goldenen Horn, die Stadt Byzantion, die sich als eine griechische Polis entwickeln und über die Jahrhunderte weiterbestehen sollte.

Eine günstige Lage und Reichtum sind stets auch ein Fluch, denn sie locken Feinde an. So erlebte Byzantion immer wieder Belagerungen, Eroberungen und Zerstörungen. Perser, Athener, wieder Perser, hellenistische Herrscher und Römer bemächtigten sich der Stadt. Besonders in Mitleidenschaft gezogen wurde sie in dem römischen Bürgerkrieg, der 193, nach der Ermordung des Kaisers Commodus, ausbrach. Als Sieger stand schließlich Septimius Severus fest. Doch Byzantion leistete ihm noch monatelang Widerstand, bis es 195 ausgehungert wurde. Das Strafgericht war grausam: Septimius Severus ließ die Stadt – eine Stadt des eigenen Reichs – plündern, ihre Mauern einreißen und nahm ihr die Selbständigkeit.

Diese Katastrophe hätte das Ende von Byzantion bedeuten können, doch der Kaiser selbst, so berichtete man später, begann mit der Erneuerung. Die Stadt erholte sich, wenn auch gehemmt durch die Krise, die das Reich im 3. Jahrhundert erfaßte. 268 standen gar Goten vor den Mauern der Stadt. Aber Byzantion kam mit dem Schrecken davon.

Daß der Stadt die glorreichste Phase ihrer Geschichte noch bevorstand, daß sie die Hauptstadt des Römischen Reiches werden würde, war um 300 nicht absehbar. Erneut war sie durch die Bürgerkriege, die das Imperium seit 305 zerrissen, stark gefährdet, wurde belagert und erobert. Wieder zeigte sich die Ambivalenz der geographischen Verhältnisse: Die Lage in der Nähe der Donaugrenze und am Nadelöhr zwischen den Reichsteilen hatte sich zwar gerade erst als bedrohlich erwiesen, doch erhöhte sie das strategische Gewicht der Stadt. Allerdings lagen in der Nähe andere bedeutende Städte, etwa Nikomedia, das Vorgängern Konstantins als Residenz gedient hatte, oder Ilion, das einstige Troia, aus dem nach dem römischen Mythos die Familie der Gründer Roms stammte.

Eine neugegründete Stadt

Der Bedarf, eine Stadt neu zu gründen, bestand eigentlich nicht. Das römische Kaisertum lebte schon lange mit verschiedenen Zentren. Doch Konstantin (306 – 337) entschied sich für eine Neugründung an einem Ort, dem die Tradition einer Residenz fehlte, und machte 325 Byzantion zu seiner Stadt. In der Tradition älterer Herrscher – nicht zuletzt Alexanders des Großen – verlieh er ihr einen Namen, der an ihn selbst erinnerte: Konstantinopel.

Städtegründungen im Namen eines Herrschers waren besonders geeignet, um an Siege zu erinnern. Erst im Jahr zuvor hatte sich Konstantin zum Alleinherrscher im Römischen Reich aufgeschwungen. Konstantinopel bestätigte die Dauerhaftigkeit seiner Herrschaft im Osten. Byzantion wurde mit einer neuen Mauer umgeben und um ein Vielfaches vergrößert. Die Weihe der neuen Stadt fand am 11. Mai 330 statt.

Detail aus der Tabula Peutingeriana, einer spätantiken Straßenkarte. Neben der Stadtgöttin Konstantinopels ist darauf auch das von Kaiser Konstantin I. errichtete Säulenmonument symbolisch dargestellt. Es fand unter Christen wie Heiden Verehrung, manchen strengen Christen stieß dies allerdings übel auf.

Der Leser, der weiß, daß Konstantin der Große sich seit 312 als erster römischer Kaiser zum Christengott bekannte, wird vom Zeremoniell der Neugründung, wie es überliefert ist, überrascht sein: Es bewegte sich in den Traditionen Roms. Wie einst Romulus schritt Konstantin mit einem Pflug die Grenzen der künftigen Stadt ab, die durch die Ackerfurche markiert wurde. Heidnische Philosophen wirkten mit; Auguren kamen zum Einsatz. Christliche Elemente sind nicht überliefert. Das aber entsprach dem Stil Konstantins. Zwar ließ er an seiner Neigung zum Christengott keinen Zweifel und unterstützte die Christen in vielerlei Weise, doch respektierte er die Traditionen der Heiden und ging nur gegen Extremformen ihrer Religiosität vor. Damit folgte er auch taktischen Erfordernissen, denn große Teile der Elite waren weiter den alten Göttern zugetan. Daher blieben die vorhandenen Tempel in Konstantinopel erhalten, wurden wohl teils sogar restauriert, wenn es nicht gar zu neuen Bauten kam. Aber auch der Christengott erhielt Kultstätten; mindestens eine Kirche, die des Bischofs nahe beim Palast, geht auf Konstantin zurück.

Der Kaiser ließ eine prunkvolle Residenz bauen, die sich zu einem großen Palast entwickeln sollte. Der Hippodrom scheint seine besondere Aufmerksamkeit genossen zu haben; denn die Wagenrennbahn war nicht nur ein Ort der Unterhaltung, sondern auch die wichtigste Stätte im spätantiken Reich, an der Kaiser und Volk sich begegneten und miteinander kommunizierten. Vielleicht stammt der direkte Zugang vom Palast zur kaiserlichen Loge schon aus konstantinischer Zeit. Auch standen nun im Hippodrom wie an anderen bedeutenden Orten der Stadt vorzügliche Kunstwerke der alten Welt, die aus Griechenland hierher verbracht worden waren – eine Sitte, die in Rom eine lange Tradition hatte. Der Besitz bedeutender Kunstwerke enthielt ja auch eine politische Botschaft, denn er bewies die Macht des Besitzenden. Christliche Autoren unterstellten, Konstantin habe die heidnischen Kunstwerke schänden wollen. Das ist kaum plausibel. Der Kaiser rechnete wohl nicht damit, daß dieses Werk noch intensive religiöse Gefühle auslösen würde; der Hippodrom scheint lange ein Raum religiöser Neutralität geblieben zu sein.

Die architektonisch auch durch andere Anlagen und Gebäude gewachsene Stadt benötigte Menschen. Konstantin stiftete daher Mittel, um Brot an die ärmere Bevölkerung zu verteilen; Steuerprivilegien sollten Wohlhabende herbeilocken. Um den Rang der Neugründung zu verdeutlichen, stellte er sie auf Münzen genauso dar wie Rom und richtete einen zweiten Se-

nat ein, der allerdings nicht alle Privilegien seines stadtrömischen Pendants erhielt. Trotz aller Bemühungen ließen sich die großen alten Geschlechter Roms aber nicht nach Konstantinopel locken.

Eine bildliche Vorstellung Konstantinopels in dieser Zeit zu gewinnen ist unmöglich; die in den Quellen erwähnten Kirchen und Paläste bleiben für uns Namen: Zu oft sollte es in dieser Stadt noch Zerstörungen und Neubauten geben. Die kleinräumigen Quartiere der alten Stadt gab es wohl weiter, daneben erhoben sich die neuen Prachtbauten, von denen viele beim Tod Konstantins 337 wohl noch im Bau waren.

Als eindeutig christliche Stadt kann Konstantinopel damals noch nicht gelten. Immerhin setzte Konstantin in seinem Tod ein Zeichen: Er hatte veranlaßt, daß man ihn in Konstantinopel unter christlichen Vorzeichen bestatte. Obgleich damit das persönliche Bekenntnis des Kaisers keinem Zweifel unterlag, obgleich die stadtrömischen Priesterschaften gerade nicht nach Konstantinopel übertragen wurden – ein Heide fand hier weiterhin seine Kultstätten vor; nur blutige Opfer waren ihm verwehrt.

Auch die Hauptstadt des Reiches war Konstantinopel noch nicht. Obgleich es ein neues Forum, eine Art Senat und vermutlich ein Kapitol erhielt, fehlte etwas Wesentliches: Der Kaiser war nicht fest an diesen Ort gebunden. Es gab weiterhin andere Residenzstädte, auch sie zum Teil aufwendig ausgebaut. Konstantinopel hätte trotz des ungewöhnlichen Engagements Konstantins so wie manch andere spätantike Residenzstadt auf seine alte Bedeutung zurückfallen können und wäre heute nicht bekannter als Nikomedia oder Serdica.

Die werdende Hauptstadt

Am 24. November 380, gut 40 Jahre nach Konstantins Tod, zog Theodosius der Große nach Konstantinopel ein. Vermutlich kannte er die Stadt nicht. Er war nach einer desaströsen Niederlage der Römer gegen die Goten, in der sein Vorgänger Valens gefallen war, am 19. Januar 379 zum Kaiser erhoben worden und hatte Erfolge in der Abwehr der Westgoten erzielt, die Ende 378 sogar Konstantinopel angegriffen hatten; nur mit Mühe war es dank sarazenischer Truppen gelungen, die Feinde abzuwehren.

Theodosius residierte einen wesentlichen Teil seiner Regierungszeit in Konstantinopel, und unter seinem Sohn Arcadius (395 – 408) wurde es zur unbestrittenen Hauptstadt des Oströmischen Reiches. Schon Theodosius tat manches, um die Stadt entsprechend auszubauen; ob er sich bewußt dazu entschloß oder zufällige Ereignisse die Entwicklung steuerten, steht dahin. Als er in Konstantinopel einzog, war diese Entwicklung keineswegs absehbar. Den dortigen Senatoren fiel vielmehr auf, daß Theodosius ihre Stadt erst beinahe zwei Jahre nach seiner Ausrufung zum Kaiser aufsuchte.

Das mußte sie sorgenvoll stimmen, denn es drohte ein Bedeutungsverlust, zumal mit dem syrischen Antiochia im 4. Jahrhundert eine zweite kaiserliche Residenz aufgeblüht war: Mancher mochte sich sehnsüchtig an Konstantins Sohn Constantius II. erinnern, der die Einrichtungen Konstantinopels systematisch an jene Roms angeglichen und sich mit Nachdruck um die Übersiedlung angesehener Geschlechter bemüht hatte. Weitere Thermen erhöhten seither die Annehmlichkeit des Lebens. Die Stadt schien tatsächlich als zweites Rom konzipiert. Zudem entwickelte sie sich zu einem Bildungszentrum und gewann zusätzliche Anziehungskraft auf Teile der Elite. Constantius ließ alte Manuskripte abschreiben und begründete so eine Bibliothek, welche die griechischen Klassiker der alten Welt bewahrte.

Im Jahr 325 machte Kaiser Konstantin I. (zeitgenössische Porträtbüste) Byzantion zu seiner neuen Hauptstadt. Er erweiterte die vorhandene Siedlung erheblich, stattete sie mit prachtvollen Bauten aus und umgab sie mit einer neuen Mauer.

Ebenso energisch förderte Constantius den christlichen Glauben. Mehrere Kirchen wurden unter seiner Herrschaft vollendet oder erst errichtet. Ferner ließ er offenbar die Reliquien des Apostels Andreas sowie jene des Evangelisten Lukas und seines Gefährten Timotheos nach Konstantinopel bringen; später kam die Legende auf, Andreas habe das Christentum in Konstantinopel eingeführt, es sei also eine apostolische Gründung gewesen, was unter allen Bistümern eine Auszeichnung darstellte. Schließlich versuchte Constantius, durch eine Synode in Konstantinopel die zerstrittenen Christen zu einen. Wäre dies gelungen, wäre Konstantinopel bereits damals neben Rom ein Zentrum der Christenheit geworden.

Doch es folgte die kurze Herrschaft des Heidenfreunds Julian Apostata (361 – 363), der in Konstantinopel geboren war, aber wenig Spuren hinterließ. Sein Nachfolger Valens (364 – 378) wurde beim Hebdomon, nicht weit vor den Toren Konstantinopels, feierlich ausgerufen – womit man unwissentlich eine Tradition einleitete. Doch Valens bevorzugte Antiochia, da Rom im Krieg mit Persien lag und die Euphrat-Grenze wichtiger wurde als jene an der Donau. Immerhin verdankte Konstantinopel Valens aber ein für die Infrastruktur wichtiges Bauwerk: einen Aquädukt, mit dem die Wasserversorgung verbessert und das Neue Rom dem Alten Rom weiter angeglichen wurde. Bald sollten allerdings noch mehr Anlagen, auch Zisternen, für die stetig wachsende Stadt nötig werden.

Würde Theodosius sich Constantius II. zum Vorbild nehmen oder Valens? Diese bange Frage müssen die Konstantinopolitaner sich 380 gestellt haben. Was immer Theodosius plante – jetzt profitierte Konstantinopel einmal von seiner bedrohten Lage; der Balkan erforderte die Aufmerksamkeit des Kaisers und lenkte sie von den Persern ab.

In den folgenden Jahren diente Konstantinopel auch als Schauplatz kaiserlicher Selbstdarstellung. So zog am 11. Januar 381 der Gotenkönig Athanarich – der einst Valens Paroli geboten hatte, jetzt aber von seinen Landsleuten gestürzt worden war – in die Stadt ein: als Bittsteller. Da er nicht Teil eines Triumphzugs war, wird seine Behandlung nicht allzu demütigend gewesen sein, aber die Stadt wurde so an die Feier von (Schein-)Siegen gewöhnt.

Ein drängendes Problem war die religiöse Frage. Weniger die Konflikte zwischen Heiden, Juden und Christen als jene innerhalb der Christenheit – Konflikte, deren inhaltliche Brisanz sich dem modernen Betrachter kaum erschließt. Die Anhänger des Konzils von Nicäa, das Konstantin der Große 325 abgehalten hatte, erklärten, Christus sei Gott *seinem Wesen nach* gleich; die Gegner hielten dagegen, Christus sei Gott gleich. Da Tod und Auferstehung Christi das Fundament der christlichen Erlösungshoffnung bilden, war die Frage keine theologische Spitzfindigkeit, sondern rührte an den Kern des Glaubens. Überdies vermischte sich der Konflikt mit weiteren theologischen Debatten, vor allem aber mit kirchenpolitischen Auseinandersetzungen zwischen rivalisierenden Bischöfen und Kaisern, die sich der Loyalität der verschiedenen christlichen Gruppen versichern wollten. In Konstantinopel verliefen die Streitigkeiten teils blutig, wobei sich zunächst die Konzilsgegner durchsetzten, zumal sie die Unterstützung von Constantius II. und Valens genossen.

Theodosius aber schlug sich auf die Seite der Nicäner und tat dies durch ein Gesetz kund, vielleicht aufgrund seiner inneren Überzeugung, sicher aber auch, weil er damit in einer Gegend, in der er wenig Freunde besaß, treue Anhänger finden konnte. So wurden die Gebeine eines früheren nicänischen Bischofs, der in Verbannung gestorben war, nach Konstantinopel überführt. Zudem hielt Theodosius in der Stadt mehrere Kirchenversammlungen ab, womit er an die Synode Constantius' II. anschloß – diesmal jedoch unter nicänischen Vorzeichen. Größte Bedeutung gewann das Konzil des Jahres 381, das später als das zweite Ökumenische Konzil gezählt werden sollte. Seither verloren die Gegner des Konzils von Nicäa ihren Einfluß auf die Bevölkerung Konstantinopels.

Ein Beschluß des Konstantinopolitaner Konzils war für die Stadt von größter Bedeutung: Konstantinopel sollte innerhalb der Kirche nach Rom dem Rang nach der zweite Bischofssitz sein. Das muß

Kaiser Konstantin I. brachte die sogenannte Schlangensäule aus Delphi nach Konstantinopel. Die Griechen hatten sie 479 v. Chr. aus Anlaß ihres Sieges über die Perser geweiht.

vor allem in Antiochia und Alexandria für Verdruß gesorgt haben, denn beide Städte besaßen eine viel ältere und profiliertere christliche Tradition. Doch gegen die Unterstützung eines Kaisers war schwer anzukommen.

Daß der Sieg der Nicäner trotz alledem relativ geräuscharm gelang, lag wohl auch daran, daß Theodosius bemüht war, die Gemeinsamkeiten der Christen zu betonen. Bezeichnend ist folgende Episode, die man nur in der Form kennt, die seine Anhänger überliefert haben: Valens hatte versucht, das Haupt Johannes' des Täufers nach Konstantinopel zu überführen, doch ließ dies sich ab einem bestimmten Punkt nicht mehr bewegen. Eine heilige Jungfrau, die nicht Nicänerin war, wachte über die Reliquie, bis Theodosius kam. Durch gutes Zureden brachte er sie dazu, ihm das heilige Objekt zu überlassen; er legte seinen kaiserlichen Purpurmantel über das Behältnis – und es ließ sich bewegen; so erfuhren auch diejenigen, die nicht Nicäner waren, daß die Gunst des Heiligen auf dem Kaiser lag, zumal er sich als guter Christ vor Johannes demütigte.

In Konstantinopel entwickelte sich ein urbanes Christentum. Charakteristisch dafür ist Nektarios,

Theodosius I. (379 – 395) stattete Konstantinopel mit weiteren Prachtbauten aus. Mit der Aufstellung eines ägyptischen Obelisken im Hippodrom untermauerte der Kaiser den Anspruch Konstantinopels, gleichrangig neben Rom zu stehen, wo einst Kaiser Augustus die Ausdehnung seines Machtbereichs durch die Aufstellung eines Obelisken dokumentiert hatte.

der 382 den Bischofsthron bestieg. Er stammte aus dem Kreis der Senatoren und nahm an privaten Gastmählern teil. Auch den Besuch von Bädern lehnten die Christen – trotz ihrer Vorbehalte gegenüber der Nacktheit – keineswegs rundweg ab. Das Christentum war in den Eliten angekommen. Allerdings gab es auch Mönche, die eine radikalere Form des Glaubens vertraten und ihre strengen Maßstäbe gern öffentlich zur Geltung brachten. Wahrscheinlich waren diese Asketen schon früh in der Stadt aufgetreten, doch da unsere Quellen nicänisch geprägt sind, erwähnen sie die anfangs nichtnicänischen Mönche kaum. Unter Theodosius muß es dann mehr Klöster gegeben haben.

Theodosius ließ Konstantinopel mit Bauten, die der herrscherlichen Repräsentation dienten, prächtig ausgestalten. Doch davon bleibt nur ein schattenhafter Eindruck. Es ist schwierig, seinen Einfluß auf den Kirchenbau zu bestimmen, profane Bauten stehen im Vordergrund. Am eindrucksvollsten ist unter dem heute Vorhandenen ein Obelisk, der wohl 392 errichtet wurde – bezeichnenderweise im Hippodrom. Fast 20 Meter hoch, war er im 15. Jahrhundert v. Chr. vom ägyptischen Pharao Thutmosis III. geweiht worden; damals beschrieb man seine Seiten mit Hieroglyphen, die über Siege des Eroberers berichteten. In Rom hatte Augustus um die Zeitenwende einen Obelisken aufgestellt, um die Ausdehnung seines Machtbereichs zu dokumentieren, an die Tradition des ägyptischen Königtums anzuknüpfen und den Sonnengott zu ehren. Aber auch ein christlicher Kaiser konnte in diese Tradition treten: Zuletzt war unter Constantius II. unter großen Mühen ein Obelisk in Rom errichtet worden; Julian hatte dasselbe in Konstantinopel versucht, aber erst Theodosius gelang es. Er bestätigte so den Anspruch der Stadt, mit dem Alten Rom gleichrangig zu sein.

Der Sockel des Obelisken wurde mit zwei Inschriften, beide in Versform, und mit Reliefs versehen, die einen lebhaften Eindruck von der Pracht des Hippodroms vermitteln. Die eine Inschrift ist lateinisch verfaßt, die andere griechisch – passend für Konstantinopel, dessen Bevölkerung überwiegend Griechisch sprach, während die Verwaltung noch das Lateinische benutzte. Durch die lateinische Inschrift auf der Nordwestseite scheint der Obelisk zu sprechen: „Einst war ich schwer zu handhaben, doch erhielt ich den Befehl, den heitere Gelassenheit ausstrahlenden Herren zu gehorchen und nach der Auslöschung der Usurpatoren die Siegespalme zu tragen. Alles weicht Theodosius und seiner immerwährenden Nachkommenschaft. So bin ich innerhalb von dreißig Tagen besiegt und bezwungen worden und wurde während der Amtszeit des Proculus in die hohen Lüfte gehoben.“ Politischer und technischer Triumph fließen ineinander. Theodosius gelingt einfach alles.

Die griechische Inschrift ist an der Südostseite angebracht, gegenüber den Rängen der gewöhnlichen Bevölkerung. Sie lautet: „Die vierseitige Säule, die immer als Last auf dem Boden lag, wagte allein Kaiser Theodosius aufzurichten. Er ließ sich von Proculus unterstützen, und es gelang in zweiunddreißig Tagen, die so große Säule zum Stehen zu bringen.“ Auffällig und aufschlußreich ist die zweimalige Nennung des Stadtpräfekten Proculus. Sie sollte davor warnen, das Monument allein als Zeug-

nis kaiserlicher Macht aufzufassen. Es war ebenso Ausweis senatorischer Leistungsfähigkeit, allerdings einer, die im Dienst des Kaisers stand. Der Wunsch der – politisch weitestgehend entmachteten – Senatoren nach demonstrativer Teilhabe wird fühlbar.

Die Reliefs machen deutlich, welche Bedeutung der Hippodrom für die kaiserliche Selbstdarstellung hatte, welche anderen Gruppen aber auch bei den Wettkämpfen vertreten waren. Ein Relief am unteren Sockel zeigt die Errichtung des Obelisken selbst, ein anderes ein Wagenrennen. Sichtbarer und größer sind die Reliefs am oberen Sockel, die alle vier Seiten bedecken und dichtgestaffelte Personengruppen zeigen. Sie bilden gleichsam die idealisierten Spiegelbilder jener, die im Hippodrom saßen. In der Mitte steht jeweils der Kaiser, aber in verschiedenen Kontexten. Kein Zweifel bleibt daran, daß er die herausragende Figur bei den Geschehnissen im Hippodrom war.

Auf der Nordwestseite erkennt man im unteren Bildstreifen zwei Gruppen von Barbaren, die kniefällig Gaben darbringen. Durch ihre Tracht lassen sich die Bittsteller näher bestimmen; es handelt sich um Germanen und um Perser. Man sollte die Darstellung – zumal die Perser von Theodosius nie besiegt wurden – nicht auf ein konkretes Ereignis beziehen. Der Kaiser erscheint vielmehr als beständiger Sieger über alle Völker. Er sitzt im oberen Register unter einem Bogen, gemeinsam mit drei kleineren, prächtig gekleideten Personen, vermutlich Angehörigen des Kaiserhauses. Der Bogen, der durch die besondere Gestaltung des Geländers hervorgehoben wird, gibt wohl den Baldachin des Kathismas (Herrschersitzes) wieder. Ringsum stehen Leibwächter und einige Große des Reiches in entsprechender Gewandung. So machtbetont muß man sich in der Tat die Präsenz des Kaisers im Hippodrom vorstellen.

An der Nordostseite erkennt man im unteren Teil vornehm gekleidete Männer. Das Tor zwischen ihnen ist wohl der Zugang zum Hippodrom. Im oberen Bildstreifen erscheint erneut der Kaiser unter einem Baldachin, dieses Mal umgeben von vier stehenden Gestalten. An der Südwestseite sitzen vier Personen unter dem wiederum im oberen Bildstreifen befindlichen Baldachin; aus ihnen ist der Kaiser durch seine Größe herausgehoben. Die drei jüngeren zeigen einen Gestus, dem der antike Betrachter entnehmen konnte, daß sie sprachen. Umgeben sind die vier von Leibwächtern und vornehm Gekleideten. Im unteren Register erkennt man wei-

Sockel der Nordwestseite des theodosianischen Obelisken. Theodosius sitzt in der Kaiserloge (Kathisma) des Hippodroms, wohl umgeben von Verwandten und hohen Beamten. Im unteren Bildstreifen bringen Germanen und Perser kniefällig Gaben dar.

tere Vornehme, zum Teil mit Jubelgesten, in der Mitte befindet sich eine große Treppe, auf der zwei Männer stehen, offenbar hohe Beamte.

Schließlich zur Südostseite gegenüber dem Kathisma: Im unteren Bildstreifen begegnen in dichter Reihe, klein dargestellt, weniger vornehm Gekleidete, darunter, noch kleiner, Musikanten und Tänzer; sie bildeten das Beiprogramm des Wagenrennens. Im oberen Register steht der Kaiser – vermutlich auf dem *stama*, von dem aus man den Siegern der Rennen Kränze zu überreichen pflegte, wie auf dem Relief angedeutet, wenn auch der Empfänger fehlt. Um den Kaiser herum stehen, noch unterhalb des Daches, fünf Gestalten, vorn zwei Knaben, dahinter zwei Leibwächter und ein Amtsträger, erneut flankiert durch Leibwächter und hohe Beamte. Hier erscheint der Kaiser als derjenige, der Leistung belohnt.

Es ist strittig, wie die Dargestellten im einzelnen zu benennen sind. Der stets hervorgehobene Kaiser dürfte Theodosius sein, die kleineren Gestalten in der Nähe seine Verwandten – unter denen alle Frauen fehlen. Bei allem Streit um die Einzelheiten ist die Botschaft der Darstellung eindeutig: Die Dynastie des Kaisers und damit die Dauerhaftigkeit seiner Herrschaft wurden zelebriert. Für die Reichsbewohner bedeutete dies, daß sie keinen Bürgerkrieg und keine herrscherlose Zeit fürchten mußten.

Bedenkt man, was sonst über die kaiserliche Politik bekannt ist, fällt auf: Das Christentum hat hier keine Bedeutung. Allenfalls an einem Feldzeichen auf der Nordostseite ist das griechische XP, das für die ersten beiden Buchstaben des Christus-Namens steht, erkennbar. Aber das war lediglich die Wiedergabe einer gebräuchlichen Standarte, nicht ein Hinweis darauf, daß der Kaiser sich als spezifisch christlicher Herrscher darstellen ließ. Dies wäre schon deswegen schwierig gewesen, weil viele Christen die Spiele nach wie vor ablehnten. Keineswegs hatte das Christentum schon alle Bereiche der Gesellschaft durchdrungen. Die Repräsentationskunst bedient sich auf den offiziellen Reliefs vielmehr der tradierten Bildersprache: Der Kaiser erscheint als Sieger und Wohltäter, als Haupt einer Dynastie, die auf Dauer gestellt war.

Goldmedaillon Kaiser Theodosius' I. Er förderte das Christentum nachdrücklich; jegliche Verehrung der alten Götter wurde schließlich verboten.

Noch einen anderen städtischen Raum gestaltete Theodosius neu, das Theodosius-Forum, das auf derselben, ins Zentrum führenden Route lag wie das Konstantin-Forum. Vermutlich gab es frühere Ansätze, doch insgesamt ist das Konzept der Platzanlage eindeutig theodosianisch. Es knüpft an das imposante Trajan-Forum in Rom an, wie ja mitunter die Herkunft des Theodosius von dem ebenfalls aus Spanien stammenden, allgemein als vorbildlich geltenden Kaiser Trajan (98 – 117) abgeleitet wurde. Konstantinopel erhielt damit noch eine Anlage, durch die es mit Rom wetteiferte.

Das zentrale Element der Anlage bildete ein weithin sichtbares Säulenmonument, von dem nur wenige Reste erhalten sind, das aber aus Beschreibungen einigermaßen rekonstruierbar ist. Seine Errichtung begann bereits 386; wohl erst 393/94 wurde es mit einer Statue des Kaisers bekrönt. Von innen begehbar, mit spiralförmig nach oben verlaufenden Reliefs geschmückt, nahm es stadtrömische Vorbilder auf. Und wie auf der Trajan- und Mark-Aurel-Säule bildeten offenbar auch hier Siege das wichtigste Thema.

Damit nicht genug: Eine Reiterstatue des Theodosius stand wohl auf dem Forum – man denkt an die Mark-Aurel-Statue auf dem Kapitol zu Rom. Ein Gedicht, in einem erhabenen, altertümlichen Griechisch verfaßt, bezog sich offenbar darauf: „Du bist vom Osten hervorgesprungen, eine zweite lichtbringende Sonne, Theodosius, den Sterblichen gegenüber mild, als Mitte des Firmaments. Dabei hattest du den Ozean zu den Füßen nach dem unendlichen Land, von allen Seiten umstrahlt, behelmt, das strahlende Roß mit Leichtigkeit zügelnd, Großherziger, auch wenn es leidenschaftlich ist."

Bemerkenswert ist hier die Annäherung des Kaisers an die Sonne. Solche Motive hatten seit langem zur Bildsprache des Herrscherkults gehört und wurden hier unbefangen weitergeführt. Natürlich leuchtete die Metaphorik auch einem Christen ein, natürlich war sie nicht dezidiert antichristlich – aber sie weckte heidnische Assoziationen. Indessen mochten die zeitgenössischen Betrachter noch an einen anderen denken: an Konstantin den Großen. Auf ihn bezog Theodosius sich in mancherlei Beziehung. Viel-

leicht wollte er sich über diese Inschrift in die Tradition Konstantins stellen. Ein wichtiger Bestandteil des Forums war zudem eine nicht erhaltene Basilika, eine 28 mal 80 mal acht Meter große mehrschiffige Halle. Sie diente offenbar als festlicher Versammlungsort für bestimmte weltliche Zeremonien.

Der Bau der Anlage hatte sich lange hingezogen: Erst 393 wurde sie eingeweiht, und damals waren keineswegs alle Monumente vollendet. Obgleich viele Einzelheiten des Komplexes strittig sind, ist seine Funktion erschließbar. Der Kaiser trat seinen Untertanen als triumphierender Herrscher entgegen. Während er in der Gesetzgebung die Christianisierung vorantrieb, blieb er bei öffentlichen Bauten offenbar religiös neutral und nahm auf die Empfindlichkeiten der Nicht-Christen Rücksicht, die unter den Senatoren Konstantinopels großen Einfluß ausübten und sicherlich zahlenmäßig noch ins Gewicht fielen.

Ausgebaut wurde auch die Umgebung der Stadt. Am Hebdomon, wohin er das Haupt Johannes' des Täufers brachte, ließ Theodosius seine Söhne Arcadius und Honorius zu Herrschern ausrufen, was die Stadt noch enger mit dem Kaisertum verband. Auf seinem letzten Feldzug Anfang 394 machte Theodosius hier Station und erbat die Hilfe Johannes' des Täufers für den Krieg.

Sockel der Südostseite des theodosianischen Obelisken. Unter einem Baldachin ist der Kaiser dargestellt, neben ihm zwei Knaben, die wohl die Dauerhaftigkeit seiner Herrschaft symbolisieren sollten.

Seit der Regierungszeit Theodosius' des Großen war das prachtvoll ausgebaute Konstantinopel unbestreitbar wichtigster Bischofssitz und erste Residenz des Ostreichs, in diesem Sinn Hauptstadt der oströmischen Kaiser, auch wenn Theodosius noch viel Zeit auswärts verbringen mußte. Die Förderung des Christentums wurde entschlossener vorangetrieben, aber es blieben neutrale Räume bestehen, und manch ein Heide machte unter diesem Kaiser noch Karriere. Diese Offenheit sollte im Lauf der nächsten Jahrzehnte verlorengehen.

Die christliche Hauptstadt

Um 470 zogen einige junge Männer bäuerlicher Herkunft aus dem Balkan nach Konstantinopel, um dort ihr Glück zu suchen. Und mindestens einer von ihnen fand es: Justinus, dessen Bildung so gering war, daß man sogar behauptete, er könne nicht lesen, brachte es zum Kommandeur einer kaiserlichen Leibwache.

Das Konstantinopel, das er kennenlernte, hatte sich gegenüber der Zeit des Theodosius gewaltig verändert. Die Bevölkerungszahl näherte sich viel-

Sockel der Nordostseite des Obelisken. Das Tor in der unteren Bildhälfte soll wohl den Zugang zum Hippodrom darstellen. Der Kaiser erscheint wieder in der oberen Reihe unter einem Baldachin.

leicht sogar der halben Million. Das Griechische hatte an Bedeutung gewonnen, obgleich das Lateinische nicht völlig verdrängt war und auch andere, namentlich orientalische Sprachen gesprochen wurden: Die Stadt übte auf Menschen von überall her Anziehungskraft aus.

In noch größerer Pracht als zuvor stand die Hauptstadt da. Der Palast des Kaisers war erweitert worden. Zwar bildete er kein geschlossenes Bauwerk wie etwa Versailles, doch zeigte er sich als ein eindrucksvolles Konglomerat von Gebäuden und Gärten, deren Pracht und Ausstattung einzigartig gewesen sein müssen. Hier lebte und regierte der Kaiser, aber auch hohe Beamte mit ihren Familien waren hier untergebracht, ebenso eine Vielzahl von Büros.

Vornehme Familien hatten sich grandiose Häuser errichtet. Zahlreiche Kirchen schmückten die Stadt, teils vom Kaiser, teils von Aristokraten gestiftet. An wichtigen Plätzen des hügeligen Geländes standen weithin sichtbare Säulenmonumente, die Kaiser errichtet hatten, um ihre Siege zu feiern. Christliche Symbole waren jetzt an solchen Stellen eine Selbstverständlichkeit. Häfen waren ausgebaut worden. Die Bevölkerung wurde weiter mit prachtvollen Spielen und mit Lebensmitteln versorgt. Von den Folgen der zahlreichen Brände und Unruhen des 5. Jahrhunderts sah der Fremde auf den ersten Blick wohl wenig.

Seemauern schützten gegen Vorstöße vom Meer; den Mauerring auf dem Land hatte Theodosius II. (408 – 450) erweitert, so daß die Fläche der Stadt um mehr als ein Drittel gewachsen war. Im Westen bot eine zusätzliche, weiter vorgeschobene Landmauer Schutz, da mit Vorstößen aus dem Balkan jederzeit zu rechnen war.

Die Rekonstruktion des Stadtplans im 6. Jahrhundert wird durch die vielen Veränderungen, die Konstantinopel erlebt hat, erschwert. Deutlich ist immerhin, daß es kein konsequent rasterförmiges, rechtwinkliges Straßennetz gab, wie man es von vielen römischen Gründungen kennt; vielmehr scheinen die Straßen fächerförmig auseinandergelaufen zu sein, wobei Querachsen für Verbindungen sorgten. Die Hauptachse bildete die von teils zweigeschossigen Säulenhallen gesäumte *Mese* („Mitt-

Sockel der Südwestseite des Obelisken. Wieder ist Theodosius als herausragende Figur in der Kaiserloge (Kathisma) dargestellt, umgeben von Angehörigen. Links und rechts des Baldachins Leibwächter und hohe Beamte.

lere“). Wer sie entlangschritt, stieß immer wieder auf prachtvoll ausgestattete, oft durch innerstädtische Toranlagen hervorgehobene Plätze. Zog der Kaiser in die Stadt ein, bildeten sie häufig Stationen, an denen man bestimmte Zeremonien vollzog.

Der Hauptstrang begann im Norden am Charisios-Tor und berührte wohl das Marcian-Forum; der Südstrang ging vermutlich vom Perge- und vom Goldenen Tor aus. Letzteres hatte eine erhebliche zeremonielle Bedeutung. Es diente als Triumphtor, vor allem bei feierlichen Einzügen des Kaisers; der Zug ging dann durch den gewöhnlich geschlossenen mittleren Durchgang und führte über verschiedene Platzanlagen zum Zentrum. Überall stieß der Besucher auf Zeugnisse kaiserlicher Repräsentation. Im Zentrum der Stadt erhob sich der weitläufige Komplex des kaiserlichen Palasts; daran angeschlossen war der Hippodrom. Ebenfalls in der Nähe stand die Hagia Sophia, an die der Patriarchenpalast grenzte.

Der Prunk von Kirche und Kaiser bildete die eine Seite von Konstantinopel, die andere war die des radikalen Glaubens. Mönche lebten hier auf viele Klöster verteilt, die miteinander rivalisierten. Besonderen Ruhm genoß das Kloster der Akoimeten, der „Schlaflosen“, wo man dafür sorgte, daß ununterbrochen im Wechsel gebetet wurde. Auch mancher Asket wanderte nach Konstantinopel und scharte Anhänger um sich. Zudem strömten ehrgeizige Kleriker, darunter nicht wenige Bischöfe, auf der Suche nach Kontakten und Einfluß hierher. Streitigkeiten, teils dogmatischer, teils persönlicher Natur, lösten bisweilen Tumulte der städtischen Massen aus.

Eine Rivalin hatte Konstantinopel unter den übrigen Metropolen nicht mehr. Rom, durch zwei schwere Plünderungen geschwächt, verfiel. Alexandria war von inneren, oft blutigen religiösen Streitigkeiten zerrissen; Antiochia hatte schon lange nicht mehr einem Kaiser als dauernde Residenz gedient.

Der Aufstieg des ungebildeten Bauernjungen Justin in der Leibwache zeigt, welche Karrieremöglichkeiten die Stadt bot, wie beweglich die spätantike Gesellschaft war. Und sein Weg ging noch weiter: Als Kaiser Anastasius 518 starb, gelang es Ju-

Das Landleben in die Stadt geholt – Mosaik aus dem Innenhof des Palastes von Kaiser Justinian I. (um 540).

stin, die Krone an sich zu reißen. Der Fremde, der Ungebildete, der sozial Deklassierte war zum Kaiser geworden.

Er trat ein schweres Erbe an. Zwar hatte Anastasius einen reichen Staatsschatz angehäuft und für Frieden mit den Persern gesorgt, doch viele Schwierigkeiten waren unbewältigt geblieben. Nicht weit von der Stadt entfernt trieb ein gewisser Vitalian sein Wesen, ein gotisch-römischer General, der seine Truppen immer wieder gegen Anastasius geführt hatte. Den Anlaß bildeten theologische Streitigkeiten, an die sich jedoch andere, auch machtpolitische Konflikte anlagerten. Konstantinopel war somit äußerlich bedroht und innerlich zerrissen, als Justin die Herrschaft an sich brachte. Es gelang ihm, Vitalian auf seine Seite zu ziehen – der bald darauf, wohl kaum ohne Einwirken des Kaisers, ermordet wurde. Dieses Problem war damit brutal aus der Welt geschafft. Doch die religiösen Streitigkeiten beruhigten sich nicht. Zudem entbrannte ein neuer Perserkrieg. Nur in einem Punkt war Justin wirklich erfolgreich: Er vermochte einen Nachfolger aufzubauen, seinen Neffen, der als Justinian dauerhaften Ruhm erlangen sollte.

Justinians Name dient als Bezeichnung einer Epoche, doch steht er auch für eine Zeit des Übergangs. Unter ihm vollendete sich die bisherige Entwicklung, und Neues zeichnete sich ab. Die klassische Antike war in Literatur und Kunst weiter höchst lebendig, andererseits wurde immer stärker auf eine Christianisierung aller Lebensbereiche gedrängt.

Auch Justinian, ebenfalls Sproß einer einfachen Familie aus dem Balkan, war frühzeitig nach Konstantinopel gekommen, wo er dank dem Einfluß seines Onkels eine vorzügliche Erziehung genoß, durch die er sich befähigt fühlte, auch an schwierigen theologischen Debatten teilzunehmen. Als gleichrangig wurde er von den Senatoren indes nie empfunden. Untragbar war in deren Sicht seine Gattin Theodora. Aus einer Schauspielerfamilie stammend, war sie selbst auf der Bühne mehr oder weniger nackt aufgetreten – bis sie noch zur Regierungszeit Justins dem nicht mehr ganz jungen Justinian begegnete, der von ihr überwältigt war und sie zu seiner Frau machen wollte. Das aber entsprach nicht den Gesetzen: Traditionell wurden Schauspielerinnen in der römischen Gesellschaft mit Prostituierten gleichgesetzt; Senatoren – diesem Stand gehörte der kaiserliche Neffe inzwischen an – durften keine Ehe mit ihnen eingehen. Doch Justin erließ eigens ein Gesetz, und bald mußten die Senatoren die einstige Schauspielerin kniefällig verehren, eine schlimme Schande in ihren Augen. Aus christlicher Sicht sah dies anders aus: Theodora hatte ihr altes, sündiges Leben von sich geworfen und lebte nun in der Tat, soweit wir wissen, rein.

Justinian wurde am 1. April 527 noch von Justin im Palast feierlich zum Kaiser erhoben. Mit großer Energie ging er daran, seine Reichsvorstellung durchzusetzen, durch viele neue Gesetze, gar eine Gesetzessammlung, und durch energische Maßnahmen gegen Glaubensgegner wie gegen Heiden. So schuf er sich keine geringe Zahl von Feinden; in der hauptstädtischen Bevölkerung wuchs die Unruhe. Sie eskalierte im Januar des Jahres 532 beim Nika-Aufstand, der Justinian fast Thron und Leben gekostet hätte.

Der Anlaß der Erhebung ist nicht so recht zu erkennen, vielleicht wollten die Circus-Parteien sich dagegen wehren, daß der Kaiser ihren Einfluß zurückzudrängen suchte. Jedenfalls brachen lautstarke, bald gewaltsame Proteste aus, die sich auch durch das energische Einschreiten des Stadtpräfekten nicht ersticken ließen. Die Unruhen griffen auf die ganze Stadt über, man stürmte das Amtsgebäude des Stadtpräfekten und steckte öffentliche Gebäude in Brand. Nicht einmal der Einbruch der Nacht brachte Beruhigung. Bald forderte das Volk (vielleicht durch Aristokraten angestachelt) die Absetzung hoher Beamter. Dies zog sich über mehrere Tage hin: Ein Verwandter des Anastasius wurde gar zum Kaiser ausgerufen.

Justinian wollte, so heißt es in einer dramatisierenden Beschreibung, schon auf sein Amt verzichten und fliehen, doch Theodora habe ihn zurückgehalten und zum Widerstand angespornt: Einige militärische Einheiten, die sich zufällig beim Palast befanden, wurden in den Hippodrom gehetzt, wo sie ein erbarmungsloses Gemetzel veranstalteten. Von 30 000 Toten ist die Rede. Nie wieder unter der Herrschaft Justinians sollte es zu einem so schweren Aufstand kommen. Der Kaiser hatte seine Lektion gelernt und nahm künftig stärker Rücksicht auf das Volk, gewährte ihm mehr Genüsse und weniger Freiraum. Fremde und Müßiggänger wurden scharf überwacht, nach Möglichkeit von der Stadt ferngehalten. Und das Volk wußte, was es zu gewärtigen hatte, wenn es sich dem Kaiser zu energisch widersetzte; erst als er älter wurde und schwächer, fing der Hippodrom wieder an zu brodeln.

Der teuer erkaufte Sieg im Nika-Aufstand eröffnete eine Serie von Erfolgen, die Justinian das Gefühl geben mußten, in der Gunst Gottes zu stehen. Mit den Persern handelten die Römer einen „Ewigen Frieden" aus, 533 schlug man die Wandalen. 535 eröffnete Justinian einen Krieg gegen das Ostgotenreich, der zunächst äußerst erfolgreich verlief. 540 fiel Ravenna, der Gotenkönig Witigis kam nach Konstantinopel, wo man ihn im übrigen ehrenvoll behandelte. Auch die Gesetzessammlung gelangte zu einem guten Abschluß, den Justinian wie einen Sieg über die unbeherrschbare Masse römischer Gesetzestexte feierte. Über Feiern hatte die städtische Bevölkerung gewiß an all diesen Erfolgen Anteil.

Selbst die innerchristlichen Konflikte der Hauptstadt schienen sich zu beruhigen. Dazu trug der persönliche Einsatz des Kaisers bei, der Religionsgespräche und Konzilien abhielt, die einen größeren Teil der streitenden Kirchenleute integrierten. Auch seine Gattin spielte bei der Beschwichtigung der Konflikte eine Rolle; offenbar legten Justinian wie Theodora größten Wert darauf, daß die beiden großen christlichen Gruppen Ansprechpartner im kaiserlichen Haus hatten und so weniger versucht waren, die kaiserliche Herrschaft in Frage zu stellen. Einige Mönche jedoch, die zu radikalen Äußerungen neigten und sich nicht einmal scheuten, den Kaiser öffentlich zu tadeln, vertrieb Justinian aus der Stadt.

Kaiser Justinian I. (527–565). Unter seiner Herrschaft wurden große Teile Italiens zurückerobert. In Ravenna haben sich bis heute bedeutende Beispiele seiner Bautätigkeit erhalten, die auch ein Bild vom ursprünglichen Aussehen der Kirchen in Konstantinopel vermitteln können. Oben ein Mosaik Justinians I. in der Kirche San Apollinare Nuovo.

Kaiserin Theodora, die Gemahlin Justinians I., mit ihrem Gefolge. Byzantinisches Mosaik in der Kirche San Vitale in Ravenna. Theodora war die Tochter eines Bärenwärters und selbst Schauspielerin gewesen, ehe sie den Senator und späteren Kaiser Justinian heiratete – ein kometenhafter Aufstieg.

Ausdruck des Selbstbewußtseins ist ein berühmtes Bauwerk, eines der bekanntesten der Antike, an dessen Errichtung sich Justinian gleich nach den Verwüstungen des Nika-Aufstands machte: die Hagia Sophia, die Kirche der Heiligen Weisheit Gottes, die in der Nähe von Palast und Hippodrom stand und eine hohe zeremonielle Bedeutung hatte. Der Bau – in den antiken Quellen die Große Kirche schlechthin – war vielleicht schon von Konstantin dem Großen begründet worden; unter Constantius II. hatte 360 die Weihe stattgefunden. 404 war die Kirche bei einem Aufstand zerstört worden, 415 wurde sie zum zweiten Mal geweiht. Nun, im 6. Jahrhundert, mußte sie erneut wiedererrichtet werden. Dies geschah mit größerer Pracht als je zuvor. Die Weihe fand am 27. Dezember 537 statt – eine bemerkenswert kurze Bauzeit, wenn man sie mit Werken mittelalterlicher Architektur vergleicht.

Justinian soll bei der Weihe gerufen haben: „Ruhm sei Gott, der mich für wert hielt, ein solches Werk zu vollbringen. Ich habe dich geschlagen, Salomo." Dieser Satz sagt viel über das kaiserliche Selbstverständnis aus, denn einerseits dankt Justinian seinem Gott und ordnet sich in die Tradition alttestamentarischer Herrscher ein, andererseits sucht er sie zu übertrumpfen, ein Gestus, der für die römischen Kaiser seit jeher charakteristisch war.

Waren die Vorbauten reine Basiliken, so verbindet sich in der Hagia Sophia Justinians die Basilika mit einem Zentralbau. Die Verbindung, die an die später so verbreiteten Kreuzkuppelkirchen gemahnt, scheint in dieser Gestalt einzigartig gewesen zu sein, auch wenn es bereits Zentralbauten gab, die als Kirchen dienten. Architektonisch herausragend war die Kuppel, die den Eindruck des Schwebens erweckte und zudem durch ihre Größe auffiel. Eine vergleichbar große Kuppel (32 Meter Durchmesser) wurde in der byzantinischen Welt nicht mehr errichtet. Die Kirche war in einen Komplex von Hallen, Höfen und Nebengebäuden eingebunden. Die Gläubigen schritten über mehrere Stationen auf den Kirchenraum zu und näherten sich so nur allmählich dem Allerheiligsten an.

Für die Innenausstattung scheute Justinian keinen Aufwand. Die Säulen – entgegen dem damaligen Brauch nur zu einem geringen Teil Zweitverwendungen – waren aus verschiedenen Steinsorten gehauen, die Pfeiler bunt verkleidet, die Wände von Mosaiken bedeckt. Im Zentrum stand – nur ein Beispiel für den Ausstattungsluxus – ein Ambon (eine Pultkanzel), für dessen Verkleidung 40 000 Pfund Silber verbraucht worden sein sollen. Aus klassischer Sicht fällt allerdings auf, daß es Asymmetrien gibt (so stehen sich die Türen der Vorhalle nicht genau gegenüber). Die Kirche bezeugt die überlegene Macht und den herausragenden Reichtum des Kaisers. Imperiale Repräsentation dürfte eine der Hauptabsichten Justinians bei ihrer Errichtung gewesen sein. Zugleich bewies er mit dem rasch ausgeführten Prachtbau, daß er trotz des Nika-Aufstands in der Lage war, sich aufwendige Kunst zu leisten.

Die Kirche war eng mit dem Kaiser verbunden, zugleich aber Wirkungsort des Patriarchen von Konstantinopel. Die von Justinian angestrebte Symphonie zwischen weltlicher und geistlicher Macht wurde hier sichtbar. Anläßlich von Festen konnte er sich eine Symbolik leisten, die den Kaiser dem Patriarchen unterordnete. So fuhr bei der Prozession anläßlich einer Kirchweihe der Partiarch im Wagen, während der Kaiser mit dem Volk zu Fuß einherschritt.

In der Kirche war der Platz für den Patriarchen und die Kleriker in der Apsis. Wo der Kaiser saß, ist strittig; vielleicht hielt er sich im Lauf eines Gottesdiensts an verschiedenen Orten auf. Die Emporen scheinen sich zum Platz der Frauen entwickelt zu haben. Für den Kaiser gab es zudem einen abgesonderten Bereich, der Platz genug bot, um kleinere Essen mit Hochgestellten abzuhalten. Die Personalausstattung war beeindruckend: 60 Priester, 100 Diakone, 40 Diakoninnen, 90 Subdiakone, 110 Lektoren, 25 Psalmisten und 100 Pförtner gestattete Justinian in einem Gesetz, das den Bestand limitieren sollte.

Neben der Hagia Sophia entstanden unter Justinian andere Kirchen, der Palast wurde ausgebaut, und es gab weitere Großbauten, Kirchen wie andere Gebäude, über die der Zeitgenosse Prokop eindrucksvoll berichtet. Justinian und seine Stadt Konstantinopel schienen auf einer unerreichbaren und dauerhaften Höhe des Erfolgs angekommen. Doch unvermutet erfolgten Rückschläge in dichter Folge. Die Goten

Eines der berühmtesten Bauwerke Konstantinopels – und des heutigen Istanbuls: die Hagia Sophia. Der heutige Bau geht auf Kaiser Justinian I. zurück; 1453 wurde die Kirche in eine Moschee verwandelt.

Die prächtigen Mosaiken vermitteln noch einen Eindruck von der Pracht des Kaiserpalastes in Konstantinopel.

erholten sich und banden römische Truppen auf Jahre. Die Perser brachen den Ewigen Frieden nach acht Jahren und drangen bis tief nach Syrien hinein. Hinzu kamen Erdbeben und andere Naturkatastrophen.

Am dramatischsten war eine Katastrophe, die 541/42 über die Stadt hereinbrach, die „Pest“ (die medizinische Bestimmung der Seuche ist schwierig, vielleicht vereinte sie unterschiedliche Krankheitsbilder). Zuerst war sie in Ägypten beobachtet worden, hatte sich dann an der Küste entlang ausgebreitet und Konstantinopel erreicht. Der Bevölkerungsverlust war dramatisch, Schätzungen belaufen sich auf 20 bis 30 Prozent. Das mußte gravierende Folgen für die Wirtschaft haben. In den Quellen besser greifbar sind die mentalen Auswirkungen: Im damaligen Verständnis waren derartige Katastrophen Ausdruck göttlichen Zorns, darin waren sich Christen und Nicht-Christen einig. Das stolze Selbstgefühl der Konstantinopolitaner schwand dahin. Man erzählte sich verschiedene Geschichten. So berichtet der zeitgenössische Kirchenhistoriker Johannes von Ephesos von in seinen Augen wahnhaften Taten: Man habe über drei Tage Tongeschirr aus den Häusern geworfen und zerbersten lassen – offenkundig eine symbolische Handlung, um die Krankheit zu verjagen, und ebenso offenkundig keine im Sinn der christlichen Religion. Andere hätten begonnen, vor Mönchen und Klerikern zu fliehen, da man in ihnen das Bild des Todes sah. Wann immer sich einer näherte, habe man Maria oder Heilige angerufen. Die ganze Bevölkerung war verstört. Der Kaiser selbst interpretierte das Unheil als eine „Belehrung, die entsprechend der Milde unseres Herrgotts eintrat“.

Es muß eine gedrückte Stimmung geherrscht haben; wohl alle Familien hatten Verluste erlebt. Das Gefühl, vor Gott gesündigt zu haben, trug sicherlich dazu bei, daß religiöse Fragen immer mehr in den Vordergrund traten, auch im Handeln des Kaisers. Es ist wohl kein Zufall, wenn die Stadt in den folgenden Jahren immer stärker von christlichen Symbolen und Zeremonien beherrscht wurde. 553 fand hier erneut ein großes, die Christenheit umfassendes Konzil statt. Doch auf dieser Versammlung lag ein Schatten. Nur mit äußerstem Druck vermochte der Kaiser eine Einigung herbeizuführen. Der römische Papst Vigilius, der nach Konstantinopel zitiert worden war, mußte sich trotz hartnäckigen Widerstands Justinian beugen und seinen Lehren zustimmen. Während es aber Theodosius mit seinen Synoden gelungen war, den Glaubensstreit für eine gewisse Zeit zu beruhigen, gingen die Auseinandersetzungen nach 553 unvermindert heftig weiter.

In diesen düsteren Jahren erließ Justinian weniger Gesetze als zuvor, seine Energie scheint nachgelassen zu haben; auch die Zahl neuer Bauten ging zurück. Man hört in den Quellen – die allerdings für diese Zeit weniger aussagekräftig sind als für die ersten Jahre – von Anschlägen auf den Kaiser, von Unruhen und immer wieder von Naturkatastrophen. Auch außenpolitisch fehlte das Glück. Zwar gelang es, den Gotenkrieg unter Kontrolle zu bringen und die Perser zum Frieden zu bewegen, doch rächte sich die Vernachlässigung der Donaugrenze; von dort erstanden immer neue Gefahren. Nach einem Erdbeben stürzte 557 die Kuppel der Hagia Sophia ein, doch konnte sie am 24. Dezember 563 ein zweites Mal geweiht werden. Als Justinian am 11. November 565 starb, hinterließ er eine bedeutende Gesetzessammlung und imposante Bauwerke, doch ein erschöpftes, durch die ausgreifenden militärischen

Unternehmungen überfordertes Reich, in das der religiöse Friede nicht eingekehrt war.

Die Geschichte Konstantinopels blieb bewegt. Dem Reichtum, den seine Rolle als Hauptstadt und Handelszentrum am Bosporus mit sich brachte und der während der Phasen der Ruhe erneuert wurde, steht die Bedrohung gegenüber, der die Stadt stets ausgesetzt war. Teilweise beherrschte man kaum mehr als Konstantinopel selbst und seine Umgebung, teils expandierte das Reich auf zwei Kontinenten. Immer wieder erschienen Feinde vor den Mauern der Stadt, bisweilen auch vor den Häfen. Fast stets gelang es, sie abzuwehren; man dankte dafür Maria, der Mutter Gottes, in der man die Schutzherrin der Stadt erblickte. Zwei militärische Katastrophen aber suchten die Hauptstadt heim, mit denen sich tiefe Einschnitte verbinden: 1204 eroberten und plünderten Kreuzfahrer aus dem Westen Europas das christliche Zentrum – die erste Eroberung seit der Neugründung! – und etablierten hier bis 1261 ein lateinisches Kaisertum. 1453 wurde Konstantinopel von den Osmanen erobert und glanzvoll als Hauptstadt ihres Reiches ausgebaut. Die griechische Bevölkerung spielte bis in die 50er Jahre des letzten Jahrhunderts, als ethnische Unruhen Flucht und Vertreibung auslösten, eine bedeutende Rolle. Heute ist sie auf eine kleine Minderheit geschrumpft, doch residiert noch der Ökumenische Patriarch, der angesehenste Bischof der orthodoxen Kirchen, in der Stadt, dem heutigen Istanbul. Die Hagia Sophia, deren Bau des öfteren erneuert wurde und die zwischenzeitlich eine Moschee war, ist heute ein Museum und verkörpert damit die Möglichkeit einer gemeinsamen Erinnerung an eine unruhige Geschichte.

Ernte im Morgengrauen – mit der unter Kaiser Theodosius II. (408 – 450) errichteten Landmauer im Hintergrund. Das gewaltige Bauwerk erstreckte sich ursprünglich vom Goldenen Horn bis zum Marmara-Meer. Die Türme waren bis zu 20 Meter hoch.

Prof. Dr. Hartmut Leppin
geb. 1963, lehrt am Seminar für Griechische und Römische Geschichte an der Universität Frankfurt. 2003 veröffentlichte er eine Biographie Theodosius' des Großen.

Übersichtskarte

Weiterführende Literatur

Babylon

Michael Jursa, **Die Babylonier. Geschichte, Gesellschaft, Kultur**, München 2004.

Robert Koldewey, **Das wieder erstehende Babylon**, überarbeitete und erweiterte Auflage, herausgegeben von Barthel Hrouda, München 1990.

Johannes Renger (Hrsg.), **Babylon. Fokus mesopotamischer Geschichte, Wiege früher Gelehrsamkeit, Mythos in der Moderne** (Colloquien der Deutschen Orient-Gesellschaft 2), Saarbrücken 1999.

Donald J. Wiseman, **Nebuchadnezzar and Babylon**, Oxford 1985.

Gernot Wilhelm (Hrsg.), **Zwischen Tigris und Nil. 100 Jahre Ausgrabungen der Deutschen Orient-Gesellschaft in Vorderasien und Ägypten**, Mainz 1998.

Hattuscha

Kurt Bittel u. a., **Boğazköy – Hattuša. Architektur, Topographie, Landeskunde und Siedlungsgeschichte**, Stuttgart 1952.

Ders., **Das hethitische Felsheiligtum Yazılıkaya**, Berlin 1975.

Peter Neve, **Büyükkale. Die Bauwerke. Grabungen 1954 – 1966**, Berlin 1982.

Ders., **Hattuša - Stadt der Götter und Tempel** (Antike Welt, Sonderhefte), Mainz 1992.

Ders., **Die Oberstadt von Hattuša. Die Bauwerke, I. Die Bebauung im zentralen Tempelviertel**, Berlin 1999.

Ders., **Heiligtum und Metropole. Hattuscha – Hauptstadt der Hethiter**, in: DAMALS 2/1997.

Otto Puchstein u. a., **Boghazköi. Die Bauwerke**, Leipzig 1912.

Jürgen Seeher, **Die Zerstörung der Stadt Hattuša**, in: Gernot Wilhelm (Hrsg.), Akten des IV. Internationalen Kongresses für Hethitologie, Würzburg 4. – 8. Oktober 1999, Wiesbaden 2001, S. 623 – 634.

Ders., **Hattuscha-Führer. Ein Tag in der hethitischen Hauptstadt**, Istanbul 2002.

Persepolis

Helmut Arndt, **Persepolis. Entdeckungsreisen in die Vergangenheit**, Stuttgart 1984.

Pierre Briant, **From Cyrus to Alexander. A History of the Persian Empire**, Winona Lake 2002.

Heidemarie Koch, **Persepolis. Glänzende Hauptstadt des Perserreiches**, Mainz 2001.

Friedrich Krefter, **Persepolis. Rekonstruktionen**, Berlin 1971.